MEU AMÓS

NILI OZ

Meu Amós

Tradução
Paulo Geiger

Companhia Das Letras

Copyright © 2022 by Nili Oz
Todos os direitos reservados.

Grafia atualizada segundo o Acordo Ortográfico da Língua Portuguesa de 1990, que entrou em vigor no Brasil em 2009.

Título original
עמוס שלי

Capa
Kiko Farkas/ Máquina Estúdio

Foto de capa
Independent/ Alamy/ Fotoarena

Preparação
Ciça Caropreso

Revisão
Luís Eduardo Gonçalves
Angela das Neves

Dados Internacionais de Catalogação na Publicação (CIP)
(Câmara Brasileira do Livro, SP, Brasil)

Oz, Nili
   Meu Amós / Nili Oz ; tradução Paulo Geiger. —
1ª ed. — São Paulo : Companhia das Letras, 2023.

   Título original: עמוס שלי.
   ISBN 978-65-5921-542-3

   1. Escritores israelenses – Século XX – Biografia 2. Oz, Amós, 1939-2018 3. Oz, Amós, 1939-2018 – Crítica e interpretação I. Título.

23-146081   CDD-956.053

Índice para catálogo sistemático:
1. Escritores israelenses : Biografia   956.053

Aline Graziele Benitez – Bibliotecária – CRB-1/3129

Todos os direitos desta edição reservados à
EDITORA SCHWARCZ S.A.
Rua Bandeira Paulista, 702, cj. 32
04532-002 — São Paulo — SP
Telefone: (11) 3707-3500
www.companhiadasletras.com.br
www.blogdacompanhia.com.br
facebook.com/companhiadasletras
instagram.com/companhiadasletras
twitter.com/cialetras

Sumário

Introdução — Eli Amir 7

Meu Amós 11

Para Nili, na festa de seu sexagésimo aniversário,
Hotel Nof Arad, quinta vela de Chanuká, 1999
— Amós Oz 109

Agradecimentos 123
Notas 125

Introdução

Eli Amir

No casamento de sua filha Fania, eu a encontrei sozinha no amplo espaço reservado às danças, estendi a mão e começamos a dançar e dançamos e dançamos até a maioria dos convidados ter se dispersado. Nili fez a mesma coisa no centro de Paris com um homem negro que dançava na rua ao som de um pequeno gravador, e não parou nem quando Amós a ameaçou, dizendo que ia "chamar a polícia". Assim é Nili, alegre, risonha, arrebatadora, cheia de vida e de uma alegria contagiante, e quando Amós a viu daquele jeito lhe disse depois: "Eu me apaixonei por você mesmo assim, quando você tinha quinze anos e meio". Amós, um garoto pálido, magro e um pouco angustiado... Órfão, órfão a vida inteira, grato por qualquer gesto ou tributo, por toda a glória e fama mundial que não conseguiram apagar esses seus sentimentos. Ele era um garoto sem o cuidado, sem a preocupação maternal. Era frugal, quase asceta, mais de uma vez entramos à noite num restaurante e Amós pedia sempre omelete e salada, como se não lhe coubesse outra comida. Também se vestia com a modéstia nazirita de um membro de kibutz. A morte de sua mãe o perturbou a vida inteira, e uma vez disse: "Minha mãe não me amava, se me amasse não teria se suicidado". Amós não foi capaz de juntar as raízes rompidas em sua alma desde a morte da mãe; a orfandade e a ausência do pai lhe doeram em toda a sua vida. Ele reconhece, com franqueza, que seu livro *Meu Michel* é sobre seus pais e sua família.

É preciso ter uma força vital abundante e permanente para viver com um homem como este. Nili se recorda dele com um olho risonho e lacrimoso e com muito orgulho. Eram diferentes um do outro, e você fica pensando o que os mantinha juntos e como continuaram juntos desde os dezesseis anos até a morte dele.

Você também vai perceber neste livro, que contém coisas íntimas do casal, que Amós era um homem um tanto distante, temeroso de se aproximar mesmo quando queria, sua linguagem um pouco elevada, não espontânea nem solta como a de Nili. Ele sempre guardava algo só para si. Nili era diferente dele também nesse aspecto.

Ela era sua fonte de luz, a âncora, a estabilidade, o ombro no qual se apoiar. Ela nos conta numa linguagem fluente, cotidiana, que a aspiração de Amós era construir a si mesmo, estar numa posição de influência e de realização; para Amós era importante mostrar o que estava fazendo e o que ele era. Gostava de ser professor, de exortar, de ensinar. Ainda muito jovem disse a ela que queria escrever, e esse foi o objetivo mais importante de sua vida.

Nili se descreve como a mulher ao lado de Amós, aquela que não competia com ele, que o fazia dispor de tempo livre, que não deixava que o perturbassem, que criava os filhos, que gostava de música e tocava flauta e que cuidou da família e da casa. Sua alegria de viver é contagiante e agregadora. Você sente proximidade e uma afeição profunda por ela.

A leitura deste livro propicia a nós, leitores, um ponto de vista compreensivo, inclusivo e amoroso deste casal que andou de mãos dadas ao longo de todo o caminho, mesmo quando precisou tornar plano o que era curvo.

MEU AMÓS

Para meus netos

Aniversário de nosso casamento
Segunda-feira, 5/4/1976. De manhã. Esperando que Nicholas venha em breve para traduzir. Ainda é cedo. O lugar: meu quarto, no andar de cima. A luz: muito suave, tranquila, sem vento, mas colorida. As cores: verde, marrom e cinza, através da vidraça na janela. O assunto: saudades e amor.

Minha Nili
Se ao menos você estivesse aqui agora, comigo e a meu lado. Até sonhei esta noite que você estava aqui e que comemorávamos nosso aniversário de casamento (no sonho era o Dia Internacional do Sionismo, no qual o "mundo" se arrependia de todas as acusações ao sionismo e toda Londres estava enfeitada com bandeiras de Israel e retratos de Herzl.

Estava lá a Orquestra Filarmônica de Israel e houve um grande discurso de Eshkol na Trafalgar Square).

Nilik, acabaram de me entregar sua carta de segunda--feira passada (há exatamente uma semana), e meu coração se confrange por você estar triste. Por favor, não. Ele vai voltar ao nascer da lua, vai trazer um presente para mamãe.* Amo você. Que bom que esteve em Tel Aviv no dia de estudos para arquivistas. Nilik, obrigado por todos os cartões que você responde em meu nome. Sou louco por você e por nossas filhas, por nossa casa e por Lucky, nosso cão, e por todo o meu kibutz, meus amigos e pela primavera. Escrevam-me. Nilik, se você resolveu que não quer o estéreo — não precisa. Vamos guardar o dinheiro para outras coisas. Mas pense bem no que realmente lhe seria agradável, pois isso é tudo o que eu quero. Que seja agradável para você e para nossas filhas. Meu amor, Niluli, shalom. E que vocês me amem.

---

* Citação de uma canção infantil: "Papai foi trabalhar, vai voltar ao nascer da lua, vai lhe trazer um presente". (Esta e as demais notas de rodapé são do tradutor.)

Um bilhete

Oito meses depois que Amós se foi, encontrei um pequeno bilhete, relativamente recente, no qual estava escrito: "Pedir a Nili que encontre alguém que me ensine a dançar, que me ensinc a cantar e talvez também a tocar acordeão". Ele ainda estava no lance de que eu, com dezesseis anos, tinha tudo isso e era muito popular, porque dançava, cantava, tocava, praticava esportes, e ele não.

Depois de ter escrito mais de quarenta livros e os livros terem sido traduzidos e ficado famosos em quarenta e cinco línguas, isso ainda era muito importante para ele. Na verdade, ele queria aprender a dançar para se aproximar mais de mim e para estar comigo em meu mundo. Ele queria que nesse aspecto também pudéssemos estar juntos.

Amós sempre me disse que não tínhamos entre

nós uma linguagem em comum, que não éramos da mesma geração. Amós nasceu em maio de 1939 e eu em dezembro do mesmo ano, mas entre essas datas, em setembro, começou a Segunda Guerra Mundial. "Você nasceu em tempos de guerra", ele me dizia, "e eu nasci entreguerras. É uma geração totalmente diferente." Amós tinha catorze anos e meio, ou quinze, quando chegou ao kibutz, e de fato era diferente. Era pálido, magro, e dava para ver que era indefeso, via-se nele a orfandade. Minha juventude no kibutz foi muito mais fácil. Eu era boa aluna, esportista, dançava, cantava, tocava flauta doce e estava sempre de bom humor.

Quando ele olhava para mim e via minha alegria de viver, que não tinha limites, dizia: O que é isso? Que alegria de viver é esta? De onde ela vem e como se sustenta em tempos tão difíceis de aflição? Ele interpretava isso como se fosse mais fácil ser uma garota do que um garoto. E quando Amós dizia que para um garoto era muito mais difícil, compreendo agora que se referia a si mesmo; talvez, ao contrário de mim, ele precisasse trabalhar duro para descobrir seu lugar, para ter ar para respirar, para que alguém olhasse para ele, para que o valorizassem.

Uma vez estávamos passeando no centro de Paris e nos aproximamos de um homem negro que ligou um gravador portátil e começou a dançar. Eu tirei meu casaco, entreguei a Amós, juntei-me àquele homem e dancei com ele durante cinco minutos. Nunca tinha visto aquela dança em minha vida, mas dancei com ele exatamente aquela sua dança. Não era a primeira vez que isso acontecia comigo. Aconteceu no Quênia, no Marrocos, na China, no Brasil. Sou capaz de dançar qualquer dança. Em Paris, Amós se aproximou de mim e sussurrou em minha orelha: "Nili, se você não vier comigo agora, vou chamar a polícia". Amós não sabia dançar e já queria ir embora.

A música e a dança são como fogo em meus ossos, e Amós percebeu isso quando éramos jovens. Na verdade foi o que fez se apaixonar por mim quando me via dançar, nas noites de sexta-feira, no refeitório do kibutz Hulda, quando eu tinha quinze anos.

Uma vez, antes de escalarmos Massada, eu disse a Amós que talvez ele tivesse dificuldade em certo trecho e que eu precisaria arrastá-lo para cima. Mas no meio do caminho ficou difícil para mim, e foi ele quem me ajudou a chegar ao topo de Massada. Tínhamos quinze anos e meio, talvez dezesseis, e já havia algo entre nós; éramos mais do que colegas de turma.

Esse bilhete sobre aprender a cantar e a dançar foi escrito exatamente no ano em que ele morreu. Com 79 anos, quando já era um escritor renomado em todo o mundo, ele ainda procurava alguém que o ensinasse a dançar e a cantar, para que pudesse se juntar a mim. Não mostrei o bilhete aos meus filhos, pois foi depois da sua morte e tive medo de que os fizesse chorar. Não acredito que alguém consiga ler esse bilhete sem que lhe venham lágrimas aos olhos.

Amós tinha doze anos e meio quando sua mãe se suicidou, e a orfandade que caiu sobre ele não o abandonou até o dia de sua morte. Continuou para sempre um órfão. Mesmo depois de termos vivido juntos sessenta anos, quando já morávamos em Tel Aviv, ele agradecia por toda xícara de chá, agradecia quando eu trocava a roupa de cama. Em suas lembranças de infância, ninguém trocava sua roupa de cama. Com oito anos, quando começou a derrocada de sua mãe, ele e o pai dividiam o trabalho: faziam compras, cozinhavam e cuidavam da limpeza. Desde os oito anos de Amós e até a morte dela, quando ele tinha doze anos e meio, ela já estava em depressão e cabia ao pai e ao filho fazer tudo.

Depois que ele me contou isso pela primeira vez, esse assunto ressurgiu muitas vezes em nossas conversas. Ele se perguntava o que havia acontecido para que sua mãe entrasse numa depressão tão profunda. Ela não queria viver. Não conseguia dormir, quase não lia mais, apenas ficava sentada junto à janela tomando chá. Antes ela lia muito.

Houve um período no país no qual os judeus já tinham começado a construir para si mesmos uma vida normal. Além das cidades, havia *kibutzim* e *moshavim*,* havia agricultura, havia uma economia em desenvolvimento. Em 1945, com o fim da Segunda Guerra Mun-

---

* Plural hebraico de kibutz (colônia agrícola em moldes socialistas) e de moshav (colônia agrícola em moldes cooperativos).

dial, começaram a chegar notícias sobre o que tinha acontecido na Europa e como comunidades judaicas inteiras haviam desaparecido. A mãe de Amós descobriu que sua família, com mais de trinta pessoas, e todos os seus amigos, todos os vizinhos, todos eles tinham sido assassinados pelos alemães. Os alemães entraram na cidade, levaram metade dos judeus para a floresta e os assassinaram. E, depois de alguns dias, todos os outros. Ela estava em Erets Israel* fazia apenas dez anos, e de repente tudo que ficara para trás não existia mais. Todo o seu mundo havia desmoronado. Um professor do qual ela gostava muito, da escola Tarbut, Iessachar Reis, que também era dirigente do Hashomer Hatzair** na região de Walhein, foi assassinado com sua mulher e seu filho pequeno. O pai de Amós também vivenciou uma tragédia. Seu irmão e toda a família desapareceram sem deixar sinal, e os familiares que viviam em Erets Israel, no mesmo bairro, não se recuperaram. Fania Klauzner vivia num mundo feito de luto.

Em 29 de novembro de 1947, a votação a favor da Partilha da Palestina na ONU garantiu o estabelecimento de um Estado judeu em Erets Israel. Como escreveu Amós em seu livro *De amor e trevas*, sua mãe tentou ficar alegre como todos ficaram, mas simplesmente não

---

* Terra de Israel: era como os judeus chamavam a Palestina antes do estabelecimento do Estado de Israel.
** "O jovem guarda", movimento juvenil sionista socialista presente em muitos países.

conseguiu. Não suportava o empobrecimento, ele escreveu, a passagem de uma casa luxuosa, em sua cidade natal Rovno, para a pobreza do bairro Kerem Avraham. Não suportava a perda de tudo o que tinha deixado em Rovno.

Depois veio a Guerra da Independência, com o cerco e o bombardeio de Jerusalém, com a fome e a carência. A família e os vizinhos se protegiam junto com eles, em sua minúscula casa no porão, que servia como abrigo. Dormiam todos no chão, num aperto terrível. Piri Ianai, amiga de Fania, saiu para pendurar a roupa para secar e foi morta. Depois da guerra, Fania continuou com medo de que não seria possível viver uma vida em paz e tranquilidade, pois tudo ia se esfarelando à nossa volta. Esse sentimento não era geral. Até mesmo o pai de Amós era mais otimista. Fania tinha uma imaginação poderosa e um pensamento antecipatório.

Junto à casa de Amós havia um pequeno pátio, entre as casas, onde as crianças se reuniam para brincar com bolas de gude. Amós contou que na Guerra da Independência os instrutores ingleses dos jordanianos tinham estabelecido que das quatro às cinco da tarde seria a hora do chá e que na hora do chá o bombardeio seria interrompido. Por isso, das quatro às cinco era a hora em que as crianças saíam para brincar no pátio com bolas de gude. Um dia elas estavam brincando, e da porta da casa Fania observava o canto do pátio no qual as crianças estavam. Um pouco antes das cinco, ela saiu de casa e disse: "Amós, quero que você venha para casa agora". Ele protestou, ficou mais um pouco. "Só mais um pouco." Ela insistiu: "Levante-se agora e venha". No momento em que ele entrou, ouviu-se uma explosão violenta. Um obus tinha caído no lugar onde as crianças brincavam e um menino foi morto. Até hoje existe um pequeno buraco na terra no local onde as crianças costumavam brincar, e a parede ao lado está cheia de orifícios dos estilhaços.

Na época do cerco a Jerusalém, uma das únicas rotas que permaneceram abertas para os comboios de suprimentos passava pelo kibutz Hulda. No "comboio de Hulda", sob o comando de Amós Chorev, havia caminhões, alguns ônibus e veículos blindados. Os soldados se reuniam no kibutz, tomavam banho e comiam, dormiam em tendas e ao amanhecer partiam para Jerusalém. Em 31 de março de 1948, o comboio atolou na lama e centenas de soldados da Legião Árabe, que tinham vindo de Ramle, o atacaram. Vinte e dois homens do comboio foram mortos num combate que durou horas, e no fim precisou recuar.

Alguns historiadores acreditam que a Hulda árabe esteve envolvida nessa emboscada. Em 5 de abril, foi lançada a operação Nachshon, que rompeu o cerco e evacuou toda a região das aldeias árabes até Jerusalém. A Hulda árabe foi uma das aldeias evacuadas. De acordo com Shai Huldai, os árabes fugiram porque os membros da Hulda os preveniram, e eu também penso assim. Segundo Iaakov Kessar, eles só fugiram quando o Palmach* lançou dois ou três obuses de morteiro como advertência. Fugiram para Jericó, e foi sobre os escombros de sua aldeia que o kibutz Mishmar David foi erguido.

Os membros do kibutz Hulda não acreditavam que os habitantes da Hulda árabe tivessem atacado o comboio. Desde o estabelecimento do kibutz, em 1930, as relações com a Hulda árabe eram excelentes. Os árabes da Hulda vinham constantemente à enfermaria do kibutz com problemas de saúde e eram tratados de graça, enquanto os membros do kibutz, o qual não dispunha de muitos recursos, compravam suprimentos na Hulda árabe. O *mukhtar*** da aldeia, Ismain, era o "centralizador de compras" do kibutz. Ele concentrava a aquisição de suprimentos da Hulda árabe pelo kibutz. Também costumava advertir os membros do kibutz de perigos como as minas terrestres espalhadas no terreno ou dos garotos de sua aldeia que tentavam furtar frutas e verduras nos campos. Ele até chegou a emprestar dinheiro para o kibutz.

Na Guerra dos Seis Dias, Iaakov Kessar era oficial na frente jordaniana. Quando a guerra acabou, ele en-

---

* "Batalhões de choque", parte das forças armadas judaicas formada sobretudo por membros dos kibutzim.
** "O escolhido" em árabe.

controu com o *mukhtar* Ismain em Jericó, que se lembrava dele, e o abraçou emocionado. Ele levou membros do kibutz para o encontro com Ismain, e depois o convidaram, juntamente com sua família, para visitar Hulda, onde ele era uma figura lendária e querida. Enquanto estavam reunidos no refeitório do kibutz, Ismain lembrou que lhe deviam dinheiro. Avraham Bartura, o contador do kibutz, foi verificar os antigos registros, voltou e declarou que Ismain tinha razão. O kibutz pagou a dívida, com juros compostos e ainda acrescentou uma ovelha.

Junto às ruínas da Hulda árabe restaram damasqueiros, cujos frutos as crianças do kibutz comiam; foram os damascos mais saborosos que já comi.

Um avião egípcio proveniente de el-Arish costumava bombardear Hulda duas vezes por dia todas as manhãs, tentando atingir o eixo dos comboios que iam em direção a Jerusalém. Na sexta-feira, 28 de maio de 1948, uma bomba atingiu o berçário e o destruiu. Outra bomba destruiu o abrigo precário ao lado dele. Por sorte, os bebês e as crianças, entre elas minha irmã Iochi, de três anos, estavam naquele momento num ônibus que seguia para Tel Aviv. Isso graças a uma instrução do governo, recebida um dia antes, no sentido de proteger as crianças. Eu estava com as crianças da terceira série em trincheiras junto às casas de crianças.* Uma hora e meia depois chegou um ônibus para levar as crianças da escola, nossas mães e nós também.

Meu primo Nachum Tsukerman foi morto na Guerra da Independência. Tinha dezoito anos e era filho único. Amós calculou que Nachum foi cidadão do Estado de Israel por apenas seis horas, pois morreu no dia 5 do mês judaico de Iyar, mesmo dia da declaração de independência, e a guerra irrompeu logo depois que Ben-Gurion comunicou o estabelecimento do Estado de Israel. O batalhão do Palmach, ao qual Nachum pertencia, já estava na Galileia Superior, e ele foi morto em Malkia, antes de saber que o Estado havia sido proclamado. No início, meus pais não me contaram que meu primo tinha morrido. Eu estava com oito anos e eles não queriam me contar coisas tristes. Alguns meses depois me disseram e eu pensei que mesmo assim ele tinha conseguido viver um pouco. Naquela época em que o kibutz Hulda era bombardeado, eu não estava certa nem de que eu mesma ia sobreviver.

---

* Naquela época, na maioria dos kibutzim as crianças moravam, dormiam, comiam, brincavam e estudavam em "casas de crianças", divididas em grupos etários e cuidadas por preceptoras e professoras (quando na idade escolar). À tarde as crianças iam para a casa dos pais, que àquela altura já teriam terminado o trabalho diário. À noite voltavam para as casas de crianças, a fim de jantar e dormir.

Fixei os olhos numa estrela

Na primeira infância de Amós, em Kerem Avraham, a sala também era o quarto de dormir dos pais. Mas Amós tinha seu próprio quarto. Já com cinco anos, escreveu na porta de seu quarto: "Amós Klauzner — escritor". Ele herdara a imaginação da mãe, que lhe contava histórias espantosas que inventava na hora. Com dez anos, ele publicou um jornal chamado *Davar paut*, o "Pequeno Davar",* que tinha apenas um exemplar, escrito à mão. Nas três primeiras edições, seu amigo Eliahu Fridman participou. Para ler o jornal, as crianças pagavam um *mil*, o "centavo" da época, e solicitava-se ao leitor que devolvesse o exemplar depois da leitura, em benefício do próximo leitor.

* *Davar* era o principal jornal em hebraico da época.

Quando a mãe de Amós morreu, ele ficou em dúvida se havia sido um filho bom o bastante,[1] e isso lhe causou um grande mal-estar. A comemoração de seu Bar mitsvá foi triste, cheia de saudades da mãe. Efraim, filho de sua tia Sonia, mostrou-me fotos do Bar mitsvá de Amós, e numa delas ele tem a beleza de um anjo de Deus. É uma beleza inacreditável. Quando olho para essa foto, é muito difícil para mim acreditar na história de tristeza e dor contada por Efraim. Amós continuou a ser bonito durante sua vida toda.

No período que se seguiu à morte da mãe, Amós e o pai já moravam em Rechávia, e não mais em Kerem Avraham. Amós estudava no Ginásio Rechávia e era membro do movimento dos escoteiros. A orfandade e a solidão o impediam de se concentrar nos estudos, mas as atividades dos escoteiros lhe propiciaram um sentido de missão. A nova vizinhança contribuiu para que ele se afastasse do revisionismo* de seu pai e o aproximou dos valores do movimento trabalhista.

Com treze anos e meio, Amós publicou um pequeno artigo no jornal infantil *Haarets shelanu* [Nossa terra].

---

* Os revisionistas constituíam a ala direita do movimento sionista, à qual pertenciam seu pai e seu tio-avô Joseph Klauzner, famoso historiador e erudito.

Presente para minha mãe

Dia das Mães. O sol já se pôs. Pela janela vejo meu amigo da casa ao lado entregar à mãe um pacote envolto numa fita vermelha; a casa dos vizinhos tem um ar festivo.

Meus olhos se fixam numa estrela isolada, e me lembrei de minha mãe, que não poderei beijar hoje, nem lhe dar um presente.

Eu tinha nas mãos o número 21 de *Haarets shelanu* e fiquei olhando para a série de fotos "As mãos de minha mãe". Mãos de mãe que não mais me abraçarão, mãos de mãe que não irão me guiar em meus primeiros passos, mãos de mãe que já não sentirei em meu cabelo, e nunca mais poderei me encolher entre elas e encontrar abrigo do mundo e de tudo que nele existe.

Joguei o jornal para longe, com raiva. A foto é tão fria: só evoca memórias tristes. Só me devolve a lembrança de minha mãe, mas não seu calor e seu toque.

"Oi, mãe!", exclamei, e rompi a chorar, e minhas lágrimas escorriam sem que houvesse uma mão para enxugá-las nem palavras de consolo sussurradas.

As mãos daquela foto me pareceram de repente tão frias, tão estranhas... Eu chorei. Chorei durante muito tempo e olhei para o céu noturno estrelado. De repente fixei os olhos numa estrela e concentrei nela todo o meu olhar. A estrela cintilou por um momento e se perdeu do meu olhar.

Como minha mãe se perdeu...

Parece que ainda ontem eu estava olhando para ela e sentia seu carinho — e de repente ela sumiu. Num canto está pendurado o pano de pó, que ficou órfão, e a vassoura também parece estar esperando as mãos de minha mãe, tão acostumadas com ela. Não consegue entender que minha mãe não voltará mais e que nunca mais vai segurá-la em seus dedos firmes. E a mim tampouco ela voltará a acariciar com seus dedos macios.

Pela janela da casa ao lado vislumbro a mãe abraçando seu filho, e "a festa das mães" irrompe de todas as janelas...

(Amós Klauzner, treze anos e meio, Jerusalém)

O pai de Amós tornou a se casar, e sua mulher tinha família na Galileia Superior, no kibutz Sde Nechemia. O espírito de pioneirismo e a forma de vida rigorosamente coletiva do kibutz encantaram Amós, e nas férias de verão ele decidiu ir para Sde Nechemia. Contou que quando se sentou no ônibus viu seu pai acenando em despedida na direção de um assento errado.

Ele ficou dois meses nesse kibutz. O trabalho era um pouco difícil, mas ele tinha amigos, e havia uma fonte, ou uma piscina, onde brincavam. No geral, foi bom para Amós. Um dia seu pai foi de ônibus até o kibutz e os dois se sentaram num banco até meia-noite numa longa conversa pessoal. O pai queria que ele voltasse para Jerusalém e para os estudos, mas Amós insistiu que queria ficar no kibutz. Por fim, o pai lhe propôs um meio-termo: "Você vai viver num kibutz, mas eu vou escolher o kibutz, e vou exigir um compromisso da escola do kibutz de que, quando você terminar os estudos, vai fazer o exame final do ensino médio (na maioria dos kibutzim, por razões ideológicas, não se prestavam esses exames de conclusão do ensino médio). Ele concordou.

O pai de Amós pesquisou e ouviu falar do kibutz Hulda e de Oizer Huldai. Oizer Huldai era nosso professor em oito matérias, e era de um nível especial. Quando Amós e seu pai chegaram a Hulda, foram até a casa dele e de Chanka (que mais tarde foi diretora de escola também) e obtiveram dos dois a promessa de que Amós, após terminar os estudos, faria o exame de conclusão do ensino médio. Posteriormente, como Amós estava totalmente sozinho, a família Huldai estendeu-lhe sua proteção, e foi como se ele pertencesse à família.

Já ao chegar a Hulda, Amós se apresentou a nós como Amós Oz, e não Amós Klauzner. Com dezesseis anos, quando ele foi ao escritório do Ministério do Interior em Ramle para receber a carteira de identidade, disse que se chamava Amós Oz, e assim foi registrado. Eles não conferiam com ninguém a certidão de nascimento.

Pouco depois de sua chegada a Hulda, seu pai foi para Londres com a esposa. Ficaram lá, tiveram dois filhos e só voltaram depois que Amós e eu já estávamos casados e com duas filhas. Amós tinha sido deixado no kibutz Hulda com catorze anos e meio, sem pai nem mãe. Havia lá crianças cujos pais moravam em Tel Aviv e que iam visitá-las e lhes deixavam dinheiro para pequenos gastos. Ele não tinha dinheiro nem para visitar as tias em Tel Aviv. A quantia que seu pai pagava ao kibutz incluía moradia na casa de crianças, onde Amós dividia um quarto com dois garotos, e as refeições. Não incluía roupas. Até os dezoito anos, quando foi prestar um ano de serviço militar, Amós não teve roupas novas. Chegou a Hulda com a roupa do corpo, e ao longo dos anos as cuidadoras lhe davam roupas velhas de crianças que tinham crescido. Em seu leito de morte ele nos contou como costumava, à noite, lavar ele mesmo suas meias.

Quando chegou ao kibutz, Amós tinha a aparência de um menino surrado e, na verdade, também no kibutz ele foi um menino surrado. Eram três crianças em cada quarto e Amós dormia no quarto ao lado do meu com garotos que não estavam entre seus amigos; eram valentões que batiam nele o tempo todo.[2] Nossa classe não recebia facilmente crianças de fora. Para Amós foi sobretudo difícil se adaptar, pois não tinha as aptidões consideradas valiosas no kibutz. Não era forte nem praticava esportes. Só com o tempo descobrimos as qualidades em que ele se destacava, por exemplo, quando o professor dizia a Amós que lesse para a turma o trabalho que tinha escrito. Ele era muito fraco em matemática e em esportes, e não sabia cantar nem dançar, mas mostrou-me poemas e desenhos que havia feito. Ele desenhava bem, mas não se guardaram aqueles desenhos.

    O filme *Billy Elliot* conta a história de um garoto que gostava de dançar e que não tinha mãe. Seu pai e seu irmão mais velho não permitem que ele dance, mas a professora de dança o incentiva muito e o ajuda tanto que ele acaba sendo aceito numa escola de dança em Londres e, no fim, torna-se um excelente dançarino. Quando assistimos a esse filme, Amós chorou no fim e me disse: "Nili, até mesmo esse garoto foi mais feliz do que eu, apesar do modo como o pai e o irmão se comportaram com ele. Se eu tivesse tido ajuda, como a que ele recebeu da professora, meu mundo teria sido completamente diferente".

    Amós guardava o suicídio da mãe para si mesmo. Ninguém no kibutz sabia disso. Eu sabia só que sua mãe tinha morrido. Compreendi que ele apenas não queria falar disso. Não me contou quase nada até mesmo depois do casamento, muitos anos mais velho.

Após o beijo

Entre os quinze e os dezoito anos, Amós teve sua primeira namorada. Ela era de Jerusalém e se chamava Elisheva. Encontravam-se uma vez por semana. Uma vez em Jerusalém e uma vez em Hulda. Ela tricotou para ele um suéter quente e bonito. Quando Amós começou a escrever, ela comprou para ele uma máquina de escrever. Foi uma relação muito boa para ele, e quando penso nisso hoje fico contente por ele ter tido uma namorada durante aqueles anos.

No resto do tempo, Amós ficava muito sozinho. Tínhamos uma "casa de cultura",* e ele ia para lá levando um caderno e escrevia. Parte do que escreveu ele guardou, parte não. No kibutz havia uma publica-

---

* Nos kibutzim, um espaço público com jornais, revistas, livros, jogos de salão, equipamento de som etc., para lazer e cultura.

ção chamada *Shibolim* (Espigas), editada pela "sociedade das crianças", portanto se referia coletivamente a todos os alunos da escola. Acho que saía quinzenalmente. Amós publicava poemas e artigos sobre temas que lhe interessavam, como sociedade e política. Depois escreveu para a publicação geral do kibutz, que saía semanalmente.

Quando Amós já estava no kibutz fazia mais ou menos dois anos e meio, e tinha dezesseis anos, costumávamos nos sentar na grama à noite e conversar. As garotas preparavam dois recipientes com suco de laranja fresco, e Amós gostava muito disso. Numa dessas noites de verão, Amós nos disse: "Sabem, eu posso apresentar um problema, uma ideia qualquer, e depois posso ser uma pessoa do lado contrário, me opor totalmente a tudo o que disse antes e defender uma posição totalmente oposta, mas com o mesmo grau de convencimento".

Amós nos demonstrou essa aptidão, que também se expressava em sua escrita, de se pôr no lugar do outro.[3] Na verdade, eu assistia à formação de um escritor. Eu valorizava essa aptidão dele, mas em nossa turma havia pessoas que não receberam isso bem. Elas perguntavam: quando numa discussão você diz alguma coisa, podemos confiar que é sua opinião? Será realmente sua opinião ou depois você vai nos dizer o contrário?

Também no que concerne ao pensamento político, ele me disse muitas vezes que tentava se colocar no lugar do outro, até mesmo no lugar do inimigo. Por exemplo, ele previu a Guerra do Yom Kippur, as Intifadas e o assassinato de Rabin.

Em sua primeira infância, na parede da casa em Kerem Avraham havia um grande mapa da Europa pendurado. Nele estavam cravadas tachinhas coloridas que representavam os exércitos aliados e os dos países do Eixo, e Amós as movia de acordo com o avanço dos exércitos. Seu pai o atualizava com as notícias, e Amós ficava grudado no mapa geográfico e também político. No meu caso, meus pais achavam que uma menina não precisava saber nada sobre a guerra. Sobretudo minha mãe pensava assim. Ela não queria me amedrontar.

Não por acaso a porta de nossa casa nunca estava fechada: o tempo todo chegavam políticos, até mesmo políticos de direita, para se aconselhar com Amós, para pedir que ele os ajudasse a ler o mapa político. Muitas vezes sugeriram que Amós se candidatasse para a Knesset, o Parlamento, por um dos partidos, mas ele dizia: "Eu sou escritor e escrevo livros. Se for para a política, os políticos começarão a escrever livros, e isso será o fim da cultura humana".

Quando tinha vinte anos, pouco depois de estarmos juntos, Amós me disse: "O que eu quero fazer na vida é escrever". Ele já havia me mostrado os poemas e os contos que tinha escrito, e eu soube do que estava falando.

Com dezoito anos, Amós foi prestar o que nós chamamos de "ano de serviço", antes do Exército. Foi com seus amigos Shai Huldai e Ioram Botnik estudar para se tornar instrutor, no Seminário Efal, do movimento kibutziano. Depois voltou para Jerusalém, onde tinha pertencido ao movimento dos escoteiros, mas agora como chefe de batalhão. Foi um ponto de inflexão para ele, uma espécie de abrir de asas. De repente estava de volta a um lugar que conhecia e onde o conheciam, agora responsável pela instrução de jovens, numa posição em que precisava tomar decisões. Encontrou-se novamente com Rubi Rivlin,* seu colega de turma no Ginásio Recháva. Na infância, estiveram juntos no Betar** e agora os dois estavam nos escoteiros. A ligação entre eles se manteve até o fim da vida de Amós.

Como chefe de batalhão nos escoteiros, pela primeira vez na vida ele sentiu que o valorizavam e que olhavam para ele. Orgulhava-se disso, mas era mais uma questão de construir a si mesmo do que de querer sobressair a todos. Ele sempre me disse que não se sentia impelido a estar em primeiro lugar, em nenhum aspecto. Mesmo como escritor isso não estava entre suas prioridades. Para ele era importante se expressar com exatidão, e não estar em primeiro lugar.

Quando fomos fazer o serviço militar, fui indicada

---

* Veio a ser presidente do Estado de Israel entre 2014 e 2021.
** Organização juvenil sionista nacionalista de direita.

para o curso de pilotos. Naquela época as garotas não podiam ir para a Força Aérea, mas não havia computadores e muitos garotos também se chamavam Nili. Meus dados biométricos e de aptidão física eram compatíveis para a Força Aérea, e pensaram que eu fosse homem. No caso de Amós, a aptidão física não era seu forte. Amós foi para a Nachal* como oficial não comissionado de educação, na região do Kineret, o mar da Galileia.

Nas noites de sexta-feira, sempre havia danças no refeitório do kibutz Hulda, e eu sempre dançava. Uma noite, no início de 1960, na época de Tu Bishvat, a Festa da Árvore, Amós ficou me vendo dançar. Estivemos na mesma turma durante seis anos, e já havia entre nós laços de amizade. Num intervalo entre as danças, Amós veio até mim e perguntou o que eu ia fazer mais tarde. Eu disse que estava escalada para a guarda noturna. Ele sabia que os guardas-noturnos preparavam, às duas da manhã, uma refeição para os outros guardas e para quem trabalhava na ordenha noturna, e disse que estaria com fome às duas da manhã. Disse também onde estava morando, e eu preparei mais um prato para ele. Cobri o prato, peguei um garfo e uma

---

* Setor do Exército para membros de movimentos juvenis e de kibutz, em que se cumpre parte do serviço militar trabalhando num kibutz.

faca e levei para ele a refeição quente que eu tinha feito. Ficamos conversando enquanto Amós comia.

Quando nosso neto Nadav tinha oito anos, fomos à festa de aniversário de uma menina da minha família estendida, Avigail. Durante a festa Nadav ficou com Avigail e a certa altura veio até mim e Amós e perguntou: "Eu sei que tem beijo, mas o que vem depois do beijo?". Não me lembro da nossa resposta, mas depois disso sempre nos lembramos dessa pergunta.

Me ocorreu então que naquela noite no kibutz Amós pode ter se perguntado: o que vem depois da refeição? Ele se levantou, foi até o armário dos livros e pegou um álbum de fotos de seus amigos de infância de Jerusalém que eu não conhecia. Entre eles estava Rubi Rivlin. Amós me contou que Rubi Rivlin era um dançarino incrível, que dançava excepcionalmente bem e que todas as garotas queriam dançar com ele.

Quando eu estava de *shiva** por Amós, recebi um telefonema do presidente de Israel, Rubi Rivlin, que ligou para me confortar. Eu lhe disse: "Rubi, eu preciso lhe contar uma coisa", e em vez de deixar que ele me dissesse palavras de consolo lhe contei a história do álbum de fotos, e começamos a rir.

Naquela noite no kibutz, voltei ao meu serviço de

---

* Período de sete dias de luto após o sepultamento de um familiar, em que a família permanece em casa, recebendo aqueles que vão lhe levar condolências.

guarda, e na manhã seguinte fomos até a floresta de Hulda, ao lado do kibutz, com a cadela Dolly, da família Huldai. Lá Amós me disse que na sua opinião eu era quem dançava melhor. Disse que daria um ano de sua vida para estarmos ali onde estávamos naquela manhã de sábado, mas casados. Depois prometeu vir na terça-feira, de carona, de sua base da Nachal, no Kineret, mais ou menos às cinco da tarde. Ia simplesmente dizer ao comandante que precisava estar em Hulda, e pronto.

Na terça-feira, às três da tarde, fui ao quarto dele. Em Hulda não se trancam portas. Peguei o material de limpeza que havia lá, lavei o chão, escovei as janelas, fiz uma limpeza básica. Às cinco horas, Amós abriu a porta, exatamente quando eu estava terminando. Ele ficou tocado com aquilo, pois desde sua infância nunca ninguém tinha feito uma coisa assim por ele.[4] No caminho, vindo de Kineret, em Ramle, ele havia comprado um livro de Aharon Megued para mim, e lembro da expressão em seu rosto enquanto me escrevia uma dedicatória. Havia na dedicatória algo festivo, e vi amor nela. Foi o momento em que soubemos que estávamos juntos. Menos de três meses depois, uma semana antes de Pessach, nos casamos.

No dia do nosso casamento, duas horas antes da *chupá*, a cerimônia sob o pálio nupcial, alguns aviões sobrevoaram Hulda, transportando paraquedistas. Eles saltaram de paraquedas nos campos de Hulda. Um paraquedas se enredou em fios elétricos e o paraquedista morreu (posteriormente esse fato serviu de base para o conto de Amós "É próprio do vento", do livro *Terras do chacal*). A notícia se espalhou por Hulda e lembro bem da sensação do absurdo daquela perda que pairou no ar como pano de fundo de nosso casamento.

O pai de Amós não foi ao nosso casamento. A mulher dele foi e explicou que ele tinha sofrido um infarto no dia anterior. Amós não acreditou muito nessa história. Depois do casamento ele foi verificar se era verdade.

Para um estranho vindo do exterior, talvez nosso casamento parecesse uma coisa especial. Nos termos do kibutz, foi um casamento como outro qualquer. Toda vez que havia um casamento, Chanka Huldai organizava um espetáculo teatral. Ela fazia quase tudo: escrevia o texto, cuidava de cenários e figurinos, das músicas e das danças. Ron Huldai tocava violino. Para nós ela preparou uma surpresa. Os Huldai já tinham programado que Amós iria estudar na universidade, para lecionar no ensino médio em Hulda. Por isso, a peça foi sobre rabi Akiba, que disse a sua mulher: "Vou deixar você por alguns anos para estudar".

Na verdade, depois que nos casamos ainda restava a ele um ano e meio de serviço no Exército. Como estava casado, transferiram-no para prestar serviço junto a Beer Tuvia, para ficar mais perto de casa. Amós trabalhou lá como instrutor, e sei que gostava muito. Gostava de ser instrutor, assim como mais tarde gostou de ser professor tanto no ensino médio como na universidade. Amós gostava de ensinar. Sabia criar uma ligação com os alunos e gostava de repassar seu conhecimento e sua experiência de vida.

Entre dois quartos

Pouco tempo depois que Amós e eu nos casamos, decidimos ir a Jerusalém e ficar lá de uma quinta-feira a um sábado. A família do pai de Amós morava em Jerusalém. Na quinta-feira à noite, Amós me disse que iríamos à universidade, pois Shai Agnon* ia proferir uma palestra na Universidade Hebraica, em Guivat Ram, e eles tinham combinado de se encontrar por alguns momentos antes da palestra.

Eu era jovem, não havia completado 21 anos. Tinha vindo de um kibutz pequeno e pobre que não oferecia muita opção de divertimento e pensei que íamos nos divertir em Jerusalém, mas de repente soube que não íamos a um restaurante nem a um cinema, e sim

* Escritor israelense, prêmio Nobel de literatura em 1966, juntamente com a escritora alemã Nelly Sachs.

nos encontrar com um escritor. Foi um encontro rápido, e depois compreendi que foi muito marcante. Eu me lembrarei dele por toda a minha vida, e se tivéssemos ido nos divertir talvez não me recordasse de como foi agradável. Agnon conhecera bem o pai e a mãe de Amós, e também Amós quando criança, e ele gostava muito da mãe de Amós. Ela era bonita e impressionante, lia muitos livros e entendia de literatura. Havia nos restado um pequeno livro de Agnon, com uma ou duas histórias, e uma dedicatória para a mãe de Amós escrita pelo autor.[5] Quando Agnon me conheceu naquela noite, me disse que eu parecia com a mãe de Amós e que ele havia gostado dela. Depois de nos despedirmos dele, Amós me disse que eu não poderia ter recebido elogio maior. Quando olho para o retrato da mãe de Amós com sua beleza simplesmente inacreditável, até hoje me sinto feliz e agradecida por isso, por termos ido a esse encontro, e não a outro lugar.

Amós disse sobre Ben-Gurion, meio brincando, que ele costumava ler tudo o que saía impresso, até mesmo o jornal dos jardineiros. Ben-Gurion leu alguns artigos de Amós no jornal do movimento trabalhista *Davar*. Um dia, Ben-Gurion publicou no *Davar* um artigo no qual se manifestava contra o princípio da igualdade do kibutz, alegando que pessoas não podem ser totalmente iguais. Amós considerou isso um desafio e escreveu um artigo em resposta, longo e detalhado. Nele explicou que a igualdade no kibutz não quer dizer que todos nascem iguais, e sim que é preciso dar a todos as mesmas oportunidades. Foi uma declaração de guerra de um jovem contra o primeiro-ministro de Israel.

Depois dessa resposta, Ben-Gurion convidou Amós para ir a seu escritório. Marcou para as seis da manhã, e Amós precisou sair às quatro horas do kibutz Hulda, com botina de uso militar, e pedir carona na estrada para chegar ao escritório do primeiro-ministro. Lembro-me da excitação de Amós com essa viagem, e da volta. Ele descreveu o encontro com exatidão no livro *De amor e trevas*. Como Ben-Gurion lia tudo, deve ter lido em algum lugar um poema de Amós e lhe disse que sabia que Amós era poeta. Por isso pediu a Amós que opinasse sobre como ele deveria se dirigir à nova geração e convencê-la a ir para o deserto do Neguev. Amós ainda teve dois encontros com Ben-Gurion, sobre os quais não escreveu e nos quais o tema foi o caso Lavon. Em outra ocasião, Amós participou com Ben-Gurion de um encontro dos jovens do movimento kibutziano e lá expressou sua decepção por ainda não terem encontrado moradias permanentes para quem morava em *maabarot*, acampamentos precários para imigrantes.

Amós encontrou-se com todos os primeiros-ministros de Israel, desde David Ben-Gurion até Biniamin Netanyahu. Com Netanyahu, o encontro se deu antes de ele ser primeiro-ministro. Também muitos ministros e membros do Parlamento, até mesmo de partidos de direita, se aconselharam com Amós. Eles vinham e conversavam baixinho com Amós em seu gabinete de trabalho.

Antes de termos filhos, moramos no mesmo quarto onde eu tinha levado aquela refeição noturna para Amós, quando então passamos a nos considerar um casal. Era um quarto sem banheiro, na extremidade do piso térreo de um prédio de dois andares chamado de A Casa Grande. Quando eu estava com a minha primeira gravidez adiantada, fomos morar numa pequena residência de um quarto e meio e banheiro, numa das "casas da Agência Judaica". As "casas da Agência Judaica" eram prédios junto à secretaria do kibutz, com quatro residências em cada um. Anos depois, foi no banheiro dessa nossa pequena residência que Amós escreveu seu livro *Meu Michel*.

Ainda quando ele servia no Exército, nasceu nossa filha mais velha. No fim da gravidez decidimos que se fosse menina ela iria se chamar Dafne, nome em que havia as letras hebraicas "fei" (פ), "nun" (נ) e "he"(ה), para assim lembrar a mãe de Amós (Fania = פניה). Logo que nossa filha nasceu, Amós sugeriu que simplesmente a chamássemos Fania.

As palavras amor, emoção e felicidade não bastam para expressar o que o nascimento de Fania suscitou em nós, assim como o de cada um de nossos filhos. Não houve alternativa senão levá-la direto para a creche dos bebês, e esta foi uma das sensações mais sofridas de que me lembro: levar minha primeira bebê para a creche, deixá-la ali e voltar sozinha para casa. No sistema kibutziano as crianças dormem nas casas de crianças, não nas casas dos pais, e de manhã, quando acordam, são tratadas por uma cuidadora. Vão para a casa dos pais somente às quatro da tarde, ficam lá até o escurecer e depois são devolvidas para a casa de crianças. No início havia um motivo para esse sistema nos kibutzim, e não era ideológico; só tinha a ver com o que era melhor para as crianças. Os kibutzim eram pobres e não havia como construir muitas casas. Os adultos dormiam em tendas, e todas as crianças dormiam nas casas que havia, para que pudessem ser defendidas de ataques dos árabes e dos rigores do clima. Quando eu nasci, meu pai era proibido de até mesmo entrar na creche dos bebês. Era uma medida sanitária, pois temiam que as crianças contraíssem doenças. Minha mãe ia à noite me amamentar, e, depois que eu cresci, meu pai me contou que se esgueirava para entrar na creche e me ver enquanto eu mamava. Quando Fania nasceu, esse motivo original já não fazia sentido, mas o movimento kibutziano manteve o sistema por razões ideológicas.

Eu não confiava na cuidadora nem na guarda-noturna e mais tarde ficou claro que eu estava certa. Uma noite, quando Fania tinha três anos e Amós pernoitava em Jerusalém devido a seus estudos, bateram à minha porta; era a guarda-noturna me perguntando se Fania tinha ido até mim. Num segundo eu já tinha saído e começado a procurar. Meus pais juntaram-se a mim, assim como muitos membros do kibutz. Na época eu trabalhava de manhã no galinheiro, que ficava numa extremidade do kibutz. Meu pai entendeu aonde deveria ir e quinze minutos depois voltou com Fania nos braços. Ela tinha ido ao galinheiro de pijama e descalça.

Fania começou a falar com nove meses. Com um ano, eu mantinha conversas completas com ela, como se fosse adulta. Quando os membros do kibutz me viam caminhando e conversando com uma bebê oculta dentro do carrinho, pensavam que eu estava falando sozinha. Com um ano e meio, ela nos perguntou se não havia perigo de o céu desabar sobre a terra. Com três, decidiu aprender a ler e nos perguntou como se pronunciava cada letra. Com quatro anos, ficava sentada numa calçada com um giz na mão, escrevendo poemas. Fazia isso em frente à Casa Grande, para ter um grande público de leitores.

Após dar baixa no Exército, Amós trabalhou nas plantações de campo em Hulda. Depois foi estudar filosofia e literatura na Universidade Hebraica. Ele se formou em dois anos, em vez de três, e *cum laudae*, do que se orgulhava muito. Antes de uma de suas frequentes viagens a Jerusalém, Fania lhe perguntou:

"Por que você está viajando, pai?"

"Para estudar", ele respondeu.

"Por que você não pode estudar aqui?"
"Preciso de livros."
"Mas eu tenho livros", ela disse, "posso lhe dar."

Uma vez, pouco depois de ele ter começado a estudar, Fania e eu ficamos gripadas no mesmo dia. Quando as crianças adoeciam, elas ficavam na casa dos pais. Eu estava com muita febre e me sentia tão mal que não conseguia me levantar da cama nem para cuidar de Fania. Amós precisava estudar e insistiu que não podia de forma alguma perder um único dia de aula. Tinha de viajar.

Minha mãe estava em Tel Aviv, no seminário cultural do movimento kibutziano. Amós foi até a secretaria, telefonou para o seminário e disse que ela voltasse para o kibutz para cuidar de Fania. Era a última noite do seminário, haveria uma festa, e minha mãe ia cantar como solista. Mas Amós se manteve firme na postura de que precisava ir estudar e de que ela tinha de vir para Hulda me ajudar. Ela desistiu de sua participação no evento, juntou suas coisas e voltou para Hulda.

Quando chegou, minha mãe desabafou, dizendo o quanto estava decepcionada. Ela cantava maravilhosamente bem, e o sonho de sua vida era estar diante de um público novo e grande e cantar. Ela vivia num lugar pequeno, isolado e pobre, e aquela oportunidade tinha sido ímpar. Algo que jamais se apresentaria de novo. Eu entendi por que Amós não concordou em faltar às aulas. Ele não se sentia seguro e temia ficar para trás. Ele não soube quanta tristeza causou a ela e a mim, nunca toquei nesse assunto com ele.

Depois disso, muito rapidamente, Amós começou a tirar notas boas e adquiriu uma segurança que não tinha antes. Na universidade havia professores consagrados, entre eles Shmuel Hugo Bergman, Nathan Rotenstreich, Dov Sadan e Gershon Shaked. Ele também fez amizade com escritores como A. B. Yehoshua, Yehoshua Kenaz e Menachem Brinker. Tenho um bilhete de 1961, escrito por Amós no início do semestre na Universidade Hebraica:

Para Yehoshua Kenaz, shalom!
    Vi seu nome na lista de chamada e quero conhecê-lo — estamos participando juntos de alguns números da revista *Keshet* e em sua antologia.
    Amós Oz

Kenaz guardou esse bilhete e em algum momento o devolveu a Amós.

Quando Galia nasceu, três anos e meio depois de Fania, Amós já tinha encerrado os estudos e começado a lecionar no kibutz. Agora éramos uma família com seis pessoas: meus pais, eu e Amós, e Fania e Galia. O período de solidão havia terminado. A noção de Amós de seu próprio valor aumentara. É perceptível a diferença na expressão de seu rosto quando se comparam fotos de quando ele tinha quinze ou dezesseis anos com as de dez anos depois. Como escritor e homem de família, ele se tornou feliz.

As enfermeiras do Hospital Kaplan, onde Galia nasceu, disseram que nunca tinham visto uma bebê tão bonita. A todo momento uma enfermeira ia até a ala das puérperas, como se fosse uma peregrina, procurando pela mãe daquela menina. Nós tínhamos em casa um retrato da mãe de Amós com dezessete anos. Quando Galia chegou aos seus dezessete anos, eu pude comparar: elas pareciam gêmeas.

Assim que trouxemos Galia do hospital, não havia lugar na creche dos bebês, por isso pudemos levá-la para casa. Mas ela só ficou conosco nas primeiras seis semanas. Galia era uma bebê atlética. Soube se virar da posição de costas para a de bruços, e vice-versa, antes do que a maioria dos bebês, e se erguer flexionando os braços. Quando começou a falar, não cometia erros. Tinha um bom ouvido e era precisa em cada palavra, como uma pessoa adulta.

Num início de noite qualquer, quando Galia tinha três anos, um bezerro fugiu do estábulo. Galia não quis ir para a casa de crianças, pois estava com medo do bezerro. Só se acalmou e concordou em ir quando Fania lhe disse: "Galia, está tudo bem, os lobos já o comeram".

Amós tinha a sensação de que o mundo estava um caos, e ele tentava impor uma ordem em sua escrita. Em casa também prestava atenção para que tudo estivesse arrumado. Se alguém deixasse uma xícara de café sem terminar em algum local, ele a tirava de lá. Se eu largava meu tricô inacabado, ele punha tudo no lugar. A bagunça o incomodava na hora de escrever. Ele sabia que essa coisa de ordem estava ligada à sua infância e à bagunça que ficou sua casa depois que a mãe morreu. Mas não estava só relacionada à infância em Jerusalém; tinha a ver também com sua juventude em Hulda. Nos anos 1950, árabes infiltrados conseguiam entrar em locais como o kibutz Hulda. Uma vez um grupo deles pôs explosivos debaixo de uma residência perto de nós. Naquela casa morava a professora Shoshana Verbin, que estava sozinha em casa. Ela sabia que se acontecesse algo assim deveria ficar entre dois quartos, e não dentro de um quarto, para, no caso de desabamento, não ser atingida. Sua casa foi destruída, e ela saiu sem um arranhão, pois tinha ficado entre dois quartos. Mas isso foi muito assustador para todos nós. Quando Amós escreveu sobre o kibutz, o descreveu cercado de chacais ameaçadores.[6] Nunca havia tranquilidade nem sensação de segurança.

Amós tinha 26 anos quando saiu seu primeiro livro, *Terras do chacal*, com histórias que já haviam sido publicadas na revista trimestral *Keshet*. Nessas histórias há o tema recorrente da escuridão, do perigo e da ameaça. Pessoas começaram a vir a nossa casa para conversar com ele sobre literatura, e Amós, como sempre, era capaz de conversar sobre literatura, sobre as questões do momento e também sobre política. Vinham muitos escritores e também pessoas interessadas em literatura. Pode-se dizer que a literatura hebraica o recebeu de braços abertos.

Era raro o salão cultural Tzavta organizar uma noite em homenagem ao primeiro livro de um escritor. Em geral faziam isso para escritores em atividade já há muitos anos, mas eles organizaram uma noite dessas para *Terras do chacal*. O grande poeta Avraham Shlonsky era o responsável pela programação literária do Tzavta, ele falou no evento, e na primeira fila estavam meu pai e o pai de Amós. Eu também estava lá, assim como um amigo nosso, Yehoshua Kenaz, e também muitos membros do kibutz Hulda. Esse evento em homenagem a Amós na instituição literária mais importante do país foi para ele algo gigantesco, simplesmente gigantesco. Seu maior sonho estava se realizando.

Ele começou a receber cartas, por exemplo, de seu professor, o pesquisador literário Dov Sadan, e do escritor Shai Agnon. A poeta Dahlia Ravikovitch gostou muito do livro e escreveu um grande artigo no jornal sobre ele. Também escreveu a Amós uma carta, que começava com as palavras que, depois, entre nós, citávamos muito: "Dizem que você é excepcionalmente jovem".[7]

O segundo livro de Amós foi *Outro lugar*, um romance sobre o kibutz. Foi recebido com especial simpatia pelo kibutz Hulda, e na casa de cultura do kibutz foi organizado um sarau com a presença de escritores de todo o país.

Foi dado o sinal

No curso de filosofia Amós conheceu um alto oficial do corpo de blindados do Exército, Israel Tal, que chamávamos de Talik, e fez amizade com ele. Talik providenciou que Amós servisse como reservista no corpo de blindados, escrevendo manuais de instrução para tanquistas. Talik era general, foi comandante da divisão no norte do Sinai na Guerra dos Seis Dias, e Amós serviu com ele. Depois de uma batalha, a tarefa de Amós era entrevistar os comandantes de tanques e escrever nos manuais de instrução as circunstâncias e condições nas quais nossos tanques foram atingidos. Na véspera da Guerra dos Seis Dias, o general pediu a Amós que escrevesse a ordem do dia da divisão:

Interino
Formação de aço

Segunda-feira, 26 de Iyar 5627/ 5 de junho de 1967

Soldados da formação de aço:
Foi dado o sinal!
Hoje vamos sair para destroçar a mão que foi enviada para estrangular nossa garganta. Hoje vamos sair para escancarar o portão do sul, que foi bloqueado pelo agressor egípcio.
Nossos blindados levarão a guerra às profundezas das terras inimigas. Não queríamos esta guerra. O inimigo a quis. O inimigo a começou. E o inimigo vai tê-la em dose dupla.
Lembremos:
É a terceira vez que é brandido contra nós o punhal egípcio. Pela terceira vez o inimigo comete o erro de uma ilusão tresloucada: a de ver Israel dobrar seus joelhos.
Com sangue, fogo e ferro arrancaremos esse conluio do coração do inimigo.
Lembremos ainda:
Não estamos em guerra com os cidadãos egípcios. Não desejamos suas terras e seus bens. Não viemos para destruir seu país nem herdá-lo. Estamos investindo para esmagar as concentrações de forças que pretendiam nos ameaçar.

Estamos investindo para arrancar de seus gonzos os portões do bloqueio egípcio. Estamos investindo para erradicar a tentativa de nos aniquilar.

Hoje o deserto do Sinai vai conhecer o ímpeto da formação de aço. A terra vai tremer debaixo dela.[8,9]

O comandante da unidade.[10]

Logo depois da guerra, o ministro da Defesa, Moshe Dayan, declarou que em consequência das conquistas dispúnhamos agora de um espaço vital. Em resposta a isso, Amós escreveu um artigo intitulado "O ministro da Defesa e o espaço vital", publicado no jornal *Davar*, no qual dizia:

> Não existe terra escravizada nem libertação de terras, o que existe são pessoas escravizadas, e só no que concerne a pessoas tem sentido a palavra libertação. Não libertamos Hebron, Ramallah e El-Arish, e não redimimos seus habitantes; nós os conquistamos e vamos dominá-los até que nos seja assegurada a paz, e então seus habitantes escolherão livremente o futuro político que preferirem. Essa é uma visão [...] toda conquista corrompe. Mesmo uma conquista esclarecida, humana e liberal, é uma conquista. Temo pelo tipo de semente que vamos semear no futuro próximo no coração dos conquistados. Mais do que isso, temo pela semente que estamos introduzindo no coração dos conquistadores. E os primeiros sinais já são viviveis nas margens da sociedade.[11]

Amós foi o primeiro a se manifestar contra a conquista, ainda antes de Ieshaiahu Leibovitz. Ele entendeu que depois de uma vitória como aquela tínhamos a obrigação de chegar a um acordo de paz com nossos vizinhos. "A maioria das linhas de demarcação de fronteiras são arbitrárias", ele escreveu,

> "absurdas", como diz Dayan, linhas nas quais uma vez uma guerra foi interrompida e se concordou com ela por motivos escusos. A situação absurda entre Israel e seus vizinhos não vem da demarcação de fronteiras, e sim da guerra de extermínio com a qual eles nos ameaçavam, e essa situação não será corrigida com a ampliação dos territórios de Israel, pelo contrário. A ampliação vai agravá-la, por estarmos na condição de dominadores de uma população estranha, contrariando sua vontade e seus direitos. Esse domínio, com o tempo, implicará obrigatoriamente um absurdo muito maior do que a sinuosidade da linha de armistício com a Jordânia e o Egito.

Amós continuou, durante toda a sua vida, a lutar pela paz.[12]

Na Guerra dos Seis Dias, muitos sentimentos difíceis despertaram em parte dos soldados que entraram, como conquistadores, na Judeia, na Samaria e em Gaza. Os soldados que eram membros de kibutzim conversavam entre si sobre isso. Amós e um amigo do kibutz Izreel, Avraham Shapira, decidiram fazer alguma coisa. Eles reuniram soldados que tinham combatido na guerra e que eram membros de diferentes kibutzim, e gravaram a conversa. Os dois não sabiam exatamente o que queriam fazer com aquilo, mas sentiam que precisavam se expressar. No fim, foi publicado um livro que recebeu o título de *Siach lochamim*, "Conversa de combatentes".

Esses soldados entravam numa cidade árabe e viam mulheres, velhos e crianças carregando pacotes e saindo de suas casas sem saber para onde ir. Sabemos que tipo de lembranças isso desperta em nós como povo. Vivenciamos essa situação no lado dos perseguidos.[13]

Os participantes do livro eram soldados, por isso antes da publicação foi necessário enviar o material para a censura militar. E a censura militar eliminou do livro os trechos mais pesados, que apresentavam o Exército israelense sob uma luz demasiadamente negativa, na opinião deles. Mesmo assim, o livro publicado expressou o profundo choque dos soldados ante os horrores da guerra. Quarenta anos depois foi lançado o filme *Conversa de combatentes, os rolos secretos*, com os trechos censurados e novas conversas com os participantes.

Suéteres e casacos

Meu Michel[14] foi escrito antes da guerra e publicado alguns meses depois de *Conversa de combatentes*. O livro descreve a Jerusalém da década de 1950, quando ainda estava dividida, na época do racionamento. As pessoas não andavam pela cidade tarde da noite. Não havia motivo para sair. Lembro de as pessoas brincarem: "O quê, a cidade ainda está sob toque de recolher britânico?". Quando escreveu *De amor e trevas*, Amós já estava disposto a reconhecer que *Meu Michel*, em grande parte, descrevia seu pai e sua mãe.

Em *De amor e trevas*, Amós escreveu explicitamente sobre o relacionamento de seus pais. Contou de uma relação baseada na incompatibilidade, na verdade um abismo entre um homem e uma mulher. Amós dizia, ao longo dos anos, que havia muita boa vontade, um grande esforço, especialmente depois que ele nasceu, um grande esforço para que aquilo, assim mesmo, desse certo. Ele sempre disse: "Como pode ser assim com duas pessoas boas e que se importam uma com a outra? Como pode ser que bem com bem resulte em um desastre?".[15]

Meu Michel é seu ponto de inflexão. No decorrer dos anos, foi traduzido para 34 línguas, milhões de pessoas o leram. O cineasta Dan Welman fez dele um filme encantador, e até hoje o apresentam em festivais de filmes israelenses ou judaicos em todo o mundo. Ele não ficou defasado. Perguntei a Amós como chineses podem entender um livro como *Meu Michel*. Ele respondeu que os chineses sabem muito bem o que é um pai, uma mãe e um menino, e que na verdade em qualquer lugar do mundo qualquer pessoa pode apreciar um livro sobre um casal e um menino.

Com o passar do tempo, soubemos que depois da publicação de *Meu Michel* o comitê de um prêmio importante decidiu quase unanimemente concedê-lo a Amós. O único a se opor foi Dov Sadan, que disse ser impossível que um escritor tão jovem tivesse escrito um livro como *Meu Michel* pela voz de uma mulher. Sadan estava certo de que Amós tinha encontrado o diário de sua mãe e o copiado.

Em 1969, Amós recebeu uma bolsa literária na Inglaterra, e ficamos lá por um ano. Amós foi antes de nós, alugou uma casa, achou uma escola, e nós chegamos duas ou três semanas depois. Galia tinha cinco anos, Fania, sete, e foi a primeira vez que estivemos fora do kibutz como uma família. Tínhamos saído de um lugar pequeno e pobre para um lugar antigo e belo, com uma tradição de centenas de anos, e ficamos extasiados. Tudo era diferente, foi a primeira vez que nós quatro dormimos na mesma casa, comemos juntos os quatro, e não no refeitório com todo o kibutz. Assistíamos juntos à televisão, passeávamos, curtíamos e fazíamos coisas juntos, como uma família de quatro pessoas e não com todo o kibutz. Quando as meninas brincavam em seu quarto, sabiam que se abrissem a porta iam nos ver, e à noite sabiam que estávamos dormindo no quarto ao lado e que a qualquer momento poderiam ir até nós. Era algo maravilhoso.

No kibutz, tudo o que conhecíamos era a casa de crianças. Eu também cresci no sistema de pernoite coletivo. Em Oxford, quando nossas filhas estavam conosco na mesma casa, ocorriam coisas que não poderiam acontecer no kibutz. Às vezes, no meio da noite, Galia entrava em nosso quarto, se esgueirava entre nós dois e adormecia até a manhã seguinte.

Depois de três meses no jardim de infância, Galia foi para a primeira série. Em certo momento ela começou a dizer "Ali galu galu", e não entendíamos o que isso queria dizer. No fim do ano, a professora dela me procurou e disse que sentia muito por ter precisado tirar de Galia o papel principal na peça e entregá-lo a outra menina. Só então soubemos que tinha havido uma peça representada pelas crianças, para a qual não fomos convidados, e que Galia no início tinha o papel principal. A professora tirou esse papel dela e passou-a para a apresentação de danças, com outras meninas que cantavam "Ali galu galu". Só então compreendi que Galia tinha sentido o golpe. Não conhecíamos a professora, e Galia não tinha nos contado nada.

No início as meninas não entenderam que numa loja era preciso pagar. Pensavam que era possível simplesmente pegar alguma coisa e ir embora. Eu nunca tinha tido uma conta bancária, não sabia preencher um cheque nem como controlar a economia doméstica. Não sabia nada que as pessoas que vivem em cidades sabem. No kibutz não tínhamos dinheiro disponível para usar e fazer com ele o que quiséssemos, e agora tínhamos a bolsa de Amós. As meninas ganharam roupas novas. Para o clima oxfordiano, comprei para elas suéteres e casacos.

Pouco tempo depois de chegarmos, conhecemos o professor David Chen, do Instituto Weizmann, e nos tornamos bons amigos. Ele estava em Oxford com sua esposa e filhos, tinha um carro e a experiência que nos faltava. Ensinou-nos a fazer compras num supermercado, onde comprar barato e como utilizar os produtos britânicos. Nos fins de semana passeávamos com ele, no início nos arredores de Oxford, depois também em Gales e na Escócia. Para não desperdiçarmos dinheiro em restaurantes ou com comida de hotel, comprávamos os gêneros alimentícios, cozinhávamos num fogareiro a gás no quarto do hotel e comíamos com pratos e talheres descartáveis. Se a porta se abrisse, diríamos que éramos da Síria, para não criar má fama para Israel.

A primeira agente literária de Amós, uma judia chamada Joyce Winer, fez contato com ele no fim de nossa estada em Oxford depois de ter ouvido falar do livro *Conversa de combatentes*, que reunia falas de soldados membros de kibutzim sobre a Guerra dos Seis Dias. Ela quis agenciar esse livro por um senso de obrigação com Israel. Algumas semanas depois de se conhecerem, Amós disse a Joyce que também escrevia literatura de ficção, e ela começou a trabalhar como sua agente. Naquela época apenas um livro de Amós havia sido traduzido — para o francês —, mas com a ajuda de Joyce começaram a sair traduções para o inglês. Cerca de três anos depois de termos deixado Oxford e voltado para Hulda, Debora Owen, que não tinha experiência prévia como agente literária, comprou a agência de Joyce e se tornou agente da maior parte da obra de Amós.

Quando estávamos em Oxford, Amós escreveu o romance *Ad mavet* (Até a morte). Lá conhecemos Nicholas de Lange, estudante da Universidade de Oxford que sabia hebraico e traduziu o romance para o inglês. Foi a primeira tradução de um livro de Amós para o inglês e também a primeira tradução de Nicholas. O romance foi publicado num periódico em Nova York.

Alguns meses antes de voltarmos para Israel, fomos fazer outro passeio pelas belas regiões das proximidades de Oxford, e de repente, no carro, no meio da viagem, comecei a chorar, pois não queria voltar para o kibutz. Disse a Amós que queria que vivêssemos como uma família, como havia sido em Oxford em todo aquele ano. Eu tinha trinta anos. No final das contas, ainda se passariam dezessete anos até deixarmos Hulda, eu estava então com 47 anos. Depois de Oxford, as meninas voltaram para a casa de crianças. Não disseram nada, mas acho que para elas foi difícil voltar.

Amós voltou a lecionar no ensino médio, no kibutz Guivat Brener, e eu retornei à minha vida no kibutz Hulda. Um ano depois, fui estudar literatura inglesa e história geral na Universidade Hebraica de Jerusalém. Amós tinha medo de que não conseguíssemos aguentar a vida fora do kibutz. Esse era o temor dele. Tinha conhecido a pobreza e sabia o que ela era capaz de fazer com uma família.

Um segredo bem guardado

Seis meses antes de irromper a Guerra do Yom Kippur, estávamos num carro, indo do kibutz Hulda para Jerusalém, quando no meio da viagem Amós me disse que sentia que o período de euforia estava acabando, que os egípcios não iam aceitar a conquista do Sinai. Naquela época, ninguém imaginava que uma coisa dessa fosse possível depois da esmagadora derrota dos egípcios na Guerra dos Seis Dias.

Na Guerra do Yom Kippur, Amós serviu nas colinas do Golã. Devido à subitaneidade do ataque, tudo era muito assustador e apavorante. Amós foi até a Galileia Superior, de lá saiu a condução para as colinas do Golã, e Amós me contou sobre o medo que sentiu. Até voltou a fumar, devido à ansiedade e à pressão.

Quando estavam atravessando a ponte Bnot Yaakov, ele viu sapadores do Exército israelense pondo explosivos debaixo dela. O objetivo de explodir a ponte era defender a Galileia, mas Amós pensou que não iria regressar para casa, pois não haveria ponte para levá-lo de volta.

Amós e alguns soldados protegeram-se dentro de um cano de drenagem feito de concreto, sob a estrada, no centro do Golã. Ali dois soldados discutiam se o fogo estaria pesado ou leve. O soldado que disse que o fogo estava leve botou a mão para fora a fim de provar o que dizia, e imediatamente foi ferido na mão. Seu colega disse: "Está vendo como eu tinha razão?". Amós me contou isso para me mostrar a loucura da guerra. No mesmo lugar, o próprio Amós foi atingido por estilhaços.

Assim como na Guerra dos Seis Dias, na Guerra do Yom Kippur a missão de Amós era acompanhar as unidades blindadas na frente de batalha e esclarecer com os comandantes dos tanques atingidos em que circunstâncias aquilo havia ocorrido, para registrar os dados nos manuais de instrução do corpo de blindados. Na Guerra do Yom Kippur ele entrevistou Tzvika Greengold, do kibutz Lohamei HaGeta'ot, condecorado depois com a medalha de bravura, a mais alta concedida no Estado de Israel. Quando voltou para casa, Amós me contou, aos prantos, como Tzvika Greengold e sua equipe defenderam a Galileia à noite até chegarem reforços; foi um tanque contra uma brigada de tanques sírios. Falei recentemente com Tzvika e lhe contei que Amós tinha ido às lágrimas quando me falou do seu encontro com ele. Tzvika disse que quando os dois conversavam Amós era sempre profissional e objetivo, nunca chorou. No livro de Tzvika, ele conta que durante a batalha pensava em seus pais. Seu pai tinha combatido os nazistas como soldado no Exército polonês e sua mãe havia fugido do gueto e se salvado.

Um dia, talvez um ano depois da guerra, Amós foi notificado de que deveria se apresentar em Tel Aviv, uniformizado, e receber orientações para atuar como oficial de ligação entre o Exército israelense e o Exército egípcio no sul do Sinai. Israel e o Egito estavam prestes a assinar um acordo de separação de forças. Deram a ele um jipe, um motorista e um encarregado de comunicações, e ele foi enviado para lá por seis ou sete semanas. A mim isso assustou muito, mas ele logo fez uma grande amizade com o motorista e o homem das comunicações.

Às onze da noite da segunda noite, ouviu-se uma batida à porta. Amós perguntou: *"Min had'a?"*. Era o oficial egípcio que trabalhava em frente a ele. Atrás do oficial, dois soldados levavam uma gigantesca bandeja com peixe assado, verduras grelhadas e batatas fritas, com o aroma de comida acabada de sair do forno. Era a última coisa que os israelenses imaginaram que aconteceria em seu segundo dia ali, mas o oficial egípcio disse a Amós: "Um árabe sempre será um árabe!". Eles comeram e jogaram gamão, e constatou-se que o oficial egípcio era do serviço de informações e falava um excelente hebraico.

Amós tinha uma linguagem comum com o oficial egípcio, e um contava ao outro coisas pessoais. Quando Amós lhe disse que Fania ia servir no Exército, o egípcio ficou chocado com a simples ideia de que um pai permitisse, sem medo, que sua filha fosse para o Exército. A mãe desse oficial mandava pacotes para ele, e eu enviava pacotes para Amós. Nós duas mandávamos os bolos que fazíamos, e começou a haver uma competição. Amós acha que eu venci. Ao contrário de nossos soldados, que saíam de licença frequentemente, os soldados egípcios, no melhor dos casos, saíam a cada seis meses. Eles tinham rádio e começaram a conhecer os times de basquete e de futebol israelenses, e cada um torcia por um desses times.

Uma vez eles iam sair para uma patrulha em dois jipes quando o oficial egípcio foi dizer a Amós: "Meu carro pifou". Os egípcios, então, foram junto com os israelenses no jipe israelense. Durante a patrulha, o operador de rádio de Amós respondeu a um chamado dizendo: "Aqui Grupo 5". O oficial egípcio disse a Amós: "Que operador de rádio é esse? Vocês se chamam Grupo 5 quando estão na base. Quando estão numa patrulha é preciso dizer Rodas dos 5". O egípcio também lhe disse: "Se você tem contatos em Sharm a-Sheikh, diga a eles que mandem uma garrafa, pois o primo aqui está com sede".

Uma vez, depois de já terem se tornado amigos, o egípcio perguntou a Amós: "Há uma palavra do hebraico de vocês que eu não compreendo e não está em nenhum dicionário. Às vezes vocês dizem que alguém foi *lachrop*. O que é *lachrop*?". Amós respondeu: "Toda amizade tem um limite. Você não pode esperar que eu lhe revele o segredo mais bem guardado do Exército israelense". *Lachrop*, em ídiche, é dormir.

No verão de 1976, eu estava em casa sozinha, caiando uma parede. Iossi Korets, nosso vizinho, me chamou e disse que ia me levar para Jerusalém, pois tinha havido um acidente. Amós estava dirigindo e no carro com ele estavam minha mãe, nossas duas filhas e um amigo do kibutz Hulda. Foi uma colisão frontal com um táxi. Amós ficou gravemente ferido. Galia teve ferimentos leves e alguns dias depois recebeu alta, saindo apenas com uma cicatriz no joelho. Fania e minha mãe voltaram para casa na mesma noite. Quando cheguei ao Hospital Shaare Zedek, levaram-me para ver Amós antes da cirurgia. Tinha uma lesão perigosa entre as vértebras cervicais dois e três, costelas quebradas, uma lesão séria no pulmão, um rompimento no baço que exigiu excisão e uma fratura múltipla exposta do joelho e grande parte do fêmur. Depois fui ver Galia e fiquei algumas horas com ela.

Galia já tinha adormecido quando a voluntária foi me buscar na ala pediátrica. Quando Amós saiu da sala de cirurgia na maca, eu não o reconheci e não fui atrás dele. Sua cabeça estava imobilizada num aparelho Crutchfield, havia uma sonda ligada aos pulmões, uma máscara de oxigênio e sua perna estava imobilizada e erguida. A voluntária me falou para segui-la e eu respondi que precisava esperar meu marido, que estava em cirurgia. Levou algum tempo para ela me convencer de que aquele era Amós.

Ele foi levado para a ala de internos. A voluntária disse para eu não entrar e ficou comigo junto à porta. Quatro enfermeiros transferiram Amós da maca para cama, e de repente ouvi um grito como nunca tinha ouvido na vida. Perguntei a ela quem estava gritando, e a voluntária me respondeu, constrangida: "Quem mais poderia ser?".

Amós ficou dois meses em tratamento intensivo, e passaram-se pelo menos mais dois meses até ser mandado para casa, com uma cama hospitalar, para que ali continuasse sua convalescença e fisioterapia. Toda manhã eu ia à Unidade de Terapia Intensiva e lia para ele em sequência trechos de *Uma história simples*, de Agnon, e outros livros. Durante toda a internação, malgrado as dores fortes, Amós foi paciente e não reclamava com as enfermeiras. Ele se interessava pelos outros doentes, queria saber como estavam, se preocupava com eles.

Foi quando eu estava com ele no hospital que Amós me contou pela primeira vez todos os pequenos detalhes da morte de sua mãe e como ele a vivenciara. Vinte e cinco anos depois ele descreveu tudo no livro *De amor e trevas*.

Quando Amós voltou para Hulda de sua internação no hospital, eu o levava toda manhã, de cadeira de rodas, para o seu quarto de trabalho, e foi nesses dias que ele escreveu, por dois meses, o livro infantil *Sumchi*.

No fim da década de 1970, Amós tinha uma coluna fixa no jornal *Davar*. O partido de direita Likud havia chegado ao poder, era uma época de mudanças. Amós pediu à editora Chana Zemer que deixasse um veículo à sua disposição, para que ele pudesse ir todos os dias a outra comunidade encontrar pessoas e falar com elas sobre a situação. Amós não levava gravador, por temer que as pessoas não falassem com sinceridade caso fossem gravadas. Partia toda manhã às oito horas. Não sabia antecipadamente aonde iria, não preparava nada. Chegava a um lugar sem saber onde ia se sentar e com quem se encontraria. Voltava para casa às quatro da tarde e se sentava para escrever sobre as conversas que tivera durante o dia. Não tomava nota de nada, mas se lembrava de tudo e escrevia de cor, com precisão. No início as conversas foram publicadas na sua coluna fixa do *Davar* e no fim foram reunidas no livro *Po vesham beErets Israel* [Aqui e ali em Erets Israel].

Três andares

Daniel nasceu em 1978, e uma enorme luz se acrescentou à nossa vida. Era um menino sensível, inteligente e com uma grande alma. Não havia bebês em número suficiente para ativar a creche dos bebês, então no primeiro ano ele ficou conosco. Nós, e não uma cuidadora, o banhávamos, cuidávamos dele, o alimentávamos. Todo dia, às seis da manhã, levávamos uma banheira portátil para o nosso quarto, Amós e eu o banhávamos, e eu cantava para ele. Quando eu cantava, percebia que Daniel sabia que canção eu estava cantando, e quando ele tinha um ano começou a cantar junto comigo. Um dia, Amós se atrasou para chegar, e eu o banhei sozinha. Amós ficou arrasado e me fez jurar que nunca mais daria banho em Daniel sem ele. Era importante para Amós ter essa ligação direta conosco. As meninas vinham o tempo todo para casa, meus pais também, e toda a família se reunia em torno de Daniel. Estávamos felizes.

Ao cabo de um ano, Daniel passou a dormir na creche dos bebês, mas um ano depois, quando ele tinha dois anos, Hulda e muitos outros kibutzim mudaram o sistema, e todas as crianças passaram a dormir na casa dos pais. Na primeira noite em que ele voltou para casa, houve uma tempestade, com relâmpagos e trovões; Daniel ficou deitadinho em silêncio e não chorou, mas na manhã seguinte declarou que não voltaria para nossa casa, pois era barulhenta demais.

Ainda muito jovem, Daniel começou a fazer desenhos num nível ao qual eu nunca tinha conseguido chegar. Em sua infância, quando morávamos em Arad, ele também esculpia maravilhosamente bem, e uma escultura dele ainda está conosco até hoje.

Quando tinha cinco anos, Daniel estava brincando sozinho, e sem vigilância, no quarto dos brinquedos, no jardim de infância, quando um armário caiu em cima dele. Teve uma fissura no crânio e precisou levar pontos. Amós me disse que preferia que tivesse acontecido com ele e não com o menino. Ficou com Daniel no quarto do hospital enquanto o suturavam. Meu pai foi ao jardim de infância e teve vontade de matar a cuidadora. Compreendemos que precisaríamos assumir mais responsabilidades com Daniel. O médico do Hospital Kaplan disse que as oliveiras, o estábulo e o galinheiro eram fatores que agravavam a asma de Daniel. Nossa primeira mudança com Daniel foi para os Estados Unidos. Com a mediação da agente literária Debora Owen, a editora de Amós nos Estados Unidos providenciou para que ele desse aulas no Colorado College, que fica em Colorado Springs, ao pé das Montanhas Rochosas, no estado do Colorado. Ficamos lá por um ano. Recebemos uma casa da faculdade, Daniel fez amizade com os meninos da vizinhança e cursou a primeira série. Essa mudança foi muito difícil para ele, também devido ao problema do idioma. Amós passava horas com ele, mostrando cartões que tinha preparado para ajudá-lo a aprender inglês.

No meio do nosso ano no Colorado, minha mãe morreu de câncer. Exatamente naqueles dias, Fania estava nos visitando. Nesse mesmo ano, Galia também tinha estado conosco e passeado. Fomos ver uma peça à noite e, quando voltamos, Amós levou Daniel para a cama e nos deu a notícia depois que ele adormeceu. Viajei sozinha para o enterro em Hulda e fiquei para a *shiva*. Quando voltei para Colorado Springs, me senti solitária, pois não tinha à minha volta o apoio dos amigos do kibutz. Amós conversou com o rabino reformista da cidade, de quem éramos amigos, e ele sugeriu que eu fosse à sinagoga dizer Kadish, a oração para os falecidos, como era o costume. Eu nunca tinha feito isso, nem fiz depois, mas naquele sábado fui à sinagoga, disse Kadish para minha mãe e fiquei surpresa de como aquilo aliviou meu luto. No resto do dia passeamos por lugares bonitos da região, o Jardim dos Deuses, o cume do Pico Pikes e outros. Éramos quatro, com Fania.

Nossa estada em Colorado Springs deixou claro que morar num lugar alto e seco aliviava a asma de Daniel. Menos de um ano depois de termos voltado para o kibutz, nos mudamos para a alta e seca Arad, onde uma lei municipal proibia o plantio de oliveiras. Foi em meados da década de 1980.

Quando nos mudamos para Arad, senti como se tivesse ido para um acampamento de férias de um movimento juvenil. No kibutz, tudo ia para a assembleia dos membros; lá se resolvia tudo. Mas em Arad eu sabia que ninguém ia resolver nada por mim, que ninguém ia mais se intrometer na minha vida e que eu viveria a minha vida com meus filhos do jeito que achasse melhor. As meninas iam nos visitar de vez em quando, nos fins de semana, era maravilhoso.

Em Arad tínhamos uma casa com três andares. Em cima havia três quartos de dormir, no andar do meio uma sala e, no térreo, o quarto de trabalho de Amós. Tudo me parecia grande depois do kibutz. Às vezes a porta se abria e Amós recebia visitantes em seu escritório. Fechava a porta e a sala ficava para uso da família.

Nos primeiros anos em Arad, trabalhei no arquivo da prefeitura. Depois fui para a Agência Judaica, trabalhar na absorção de artistas judeus. Era ativa também no centro comunitário para educação não formal e atividades culturais, e cantava no coro. Na época da grande imigração da ex-União Soviética, muitos imigrantes foram para Arad. Eu me voluntariei para cuidar de duzentas famílias de imigrantes, para encontrar famílias que as adotassem, e eu mesma adotei três famílias. Ensinei a elas hebraico e lhes arranjei trabalho. Até hoje mantenho contato com elas.

Uma vez, Amós e eu fomos a um concerto em que se apresentaria a cantora Ella Wassilevitski. Ela me emocionou. No fim fomos procurá-la, eu a elogiei, mas ela não entendeu meus elogios, pois não falava uma só palavra de hebraico. Seu marido traduziu e depois me propus a lhe ensinar hebraico. Ela começou a aprender comigo, três vezes por semana. Tive o cuidado de lhe apresentar termos do mundo musical. Três anos depois, ela já lia livros em hebraico, até mesmo um livro de Amós, que ele havia dado para ela. No fim, eu a encaminhei a uma oficina, que a preparou para começar a cantar na ópera israelense. Somos amigas até hoje. Anos mais tarde, também ajudei refugiados da África que foram para Arad.

Em 1993, foi realizada uma série de encontros entre israelenses e palestinos para preparar o Acordo de Oslo. Shimon Peres convidou Amós como consultor e para colaborar no texto da proposta do acordo. Amós viajava à noite para a casa de Peres. No dia da assinatura, Amós me telefonou ao meio-dia e disse que o acordo havia sido assinado. Considerando o fato na perspectiva do tempo, Amós dizia que o acordo não tinha sido implementado porque era um bebê que ninguém queria, nem os israelenses nem os palestinos. Toda vez que havia um atentado palestino ou uma ação de Israel, Amós ficava chocado não apenas com o derramamento de sangue, mas também porque era um golpe na possibilidade de o acordo dar certo.

Há trechos nos romances de Amós que se baseiam em fatos reais ocorridos entre nós. No livro *Não diga noite*, publicado em 1994, há, por exemplo, uma mulher de quarenta anos, cheia de vida e de energia, ativa em vários assuntos públicos, além de dedicada a seu trabalho como professora. Um escritor que era um bom amigo de Amós leu o manuscrito e disse a ele que não existiam mulheres de quarenta anos que se comportassem daquele jeito. Por isso Amós acrescentou rugas às mãos dela. Na verdade Amós estava descrevendo a mim. Eu tinha 55 anos e era até mais energética do que a heroína do livro.

Uma vez arranjei para um novo imigrante um emprego na profissão dele. Ligaram da empresa e disseram que eu o levasse lá. Eu estava me preparando para ir buscá-lo no curso de hebraico, quando Amós me disse: "Eu vou buscá-lo e levá-lo". Foram até o diretor da empresa, e ele foi admitido de imediato. Na mesma noite Amós se sentiu culpado. Ele me disse: "Você fez todo o trabalho e eu colhi os frutos". Em *Não diga noite*, Noa, a protagonista, concebe um projeto de apoio a jovens ameaçados de desajuste social. Após muitas dificuldades, Teo, o marido de Noa, vai sozinho até a prefeita da cidade e a convence a aprovar o projeto. A prefeita lhe diz: "Sob a condição de que este projeto seja o seu *baby*". Noa planejou, tomou a iniciativa, trabalhou dias e noites, e seu marido ficou com o crédito.

Certo verão, Amós ficou em seu gabinete de trabalho, não se levantava da mesa, e em alguns meses escreveu *De amor e trevas*, publicado em 2002. Algo sem precedentes para um livro desse tamanho. Foi a primeira vez em que, toda noite, antes de dormir, ele me dava para ler o trecho que tinha escrito durante o dia. Quando terminei de ler não tive com quem falar, pois Amós estava dormindo. Deixei uma carta, que ele leu na manhã seguinte: "Nunca li nada tão bom". Ele respondeu: "Não é tão bom assim, é a sua família, por isso você gostou". Ele acreditava sinceramente que o livro não era tão bom, que era um livro para poucos. Pensava que não era nem mesmo para todos os moradores de Jerusalém, mas apenas para aqueles dos bairros que ele descrevia no livro.

O livro se espalhou pelo público de leitores como fogo num espinhal. A história de Amós juntava-se à história social do Estado de Israel, e até houve pessoas que, por influência do livro, começaram a escrever sobre suas famílias.

Quando escreveu sobre os eventos de 29 de novembro, dia em que as Nações Unidas reconheceram o direito do povo judeu a um Estado nacional, Amós pediu que eu convidasse alguns amigos para ir a seu escritório. Queria ler para eles o que escrevera. Queria ver a reação deles. Não foi um teste, ele quis sentir a emoção dos amigos e se emocionar ele mesmo novamente. Seus amigos ficaram extasiados.[16]

Um escritor me contou que, quando criança, era

um patriota e aplaudia, junto com seus amigos, os desfiles do Dia da Independência. Depois das guerras de 1967 e 1973, teve a sensação de que todo o empreendimento sionista estava sendo destruído devido à loucura da Grande Erets Israel. Por causa dessa raiva de Israel e da geração de seus pais, sua escrita se tornou pessoal e menos ligada ao nacional, mas disse que depois de *De amor e trevas* voltara a acreditar na sociedade israelense. Achava que se o kibutz tinha recebido de braços abertos um menino órfão como Amós, que perdera tudo, isso mostrava que era possível acreditar no espírito comunitário de Israel.

Havia algo no livro que é impossível traduzir. Já no final há um trecho em que Amós me descreve com minha alegria de viver, o modo como eu caminhava cantando, e do fundo de seus sofrimentos aos dezesseis anos, ele se pergunta: "Ainda será possível extrair alegria desta vida? Irradiar uma aura de felicidade como a dela? Será que ela ainda não soube que *Receberam, receberam os montes Efraim/ mais um jovem em sacrifício,/ como você nós vivemos,/ pelo povo morreremos* [...]?".[17]

O curioso é que essa é uma canção triste, em que enterramos nos montes de Efraim um amigo que saiu para trabalhar e foi morto, mas nós a cantamos como se fosse a canção mais alegre do mundo. Era parte de nossa cultura musical. Tudo vale: a melodia pode ser alegre, como se estivéssemos fazendo um passeio, e as palavras, muito tristes. Há também uma canção assim:

"Perdemos tudo o que nos era caro, e não voltará jamais",[18] e a melodia é ainda mais alegre.

Em 2003, Amós participou da iniciativa de Genebra, que promoveu um encontro com palestinos na Jordânia, na margem jordaniana do mar Morto. Com ele estavam Iossi Beilin, Amram Mitsna e Chaim Oron, e outros do nosso lado. Eles prepararam um documento a ser assinado, Amós negociou as divergências e formulou o acordo. Todos os dias, ao voltar para o nosso hotel tarde da noite, ele me contava o que havia acontecido; a assinatura final ocorreu alguns dias depois, em Genebra. Foram impressos milhões de cópias do acordo, em outras línguas também, enviadas pelo correio a toda família israelense e às famílias palestinas. De acordo com uma pesquisa do jornal *Iediot Achronot* foi alto o índice de apoiadores.

Amós disse que no início do movimento pela paz todos os seus apoiadores caberiam numa cabine telefônica. Na época da iniciativa de Genebra, houve de fato um ambiente de exultação que, mesmo não tendo, no fim, avançado, não fez Amós mudar de opinião sobre ele. Uma vez o convidaram para falar na Escola de Comando do Quartel-General do Exército. Só havia oficiais das mais altas patentes. "Há muitas pessoas no Estado de Israel — espero que não nesta sala — que acham que hoje tudo pode se resolver à força, se você tiver força suficiente", Amós disse a eles. "E eu lhes digo que, mesmo assim, há três ou quatro coisas, tanto no plano das relações humanas quanto no plano das relações entre os povos, que é impossível fazer à força: fazer um boboca se tornar inteligente; fazer quem o odeia passar a amá-lo; e transformar um fanático numa pessoa tolerante." Disse que esses exemplos talvez soassem infantis, mas que explicavam exatamente as questões fundamentais de nosso nacionalismo.

O pomar

Além de nossas estadas em Oxford e no Colorado, Amós fez muitas viagens a trabalho como consequência da publicação de seus livros no exterior. Quando estávamos em Hulda, não havia dinheiro para comprar uma passagem para mim também. Depois que nos mudamos para Arad, Amós tinha mais três trabalhos além do de escrever livros: ele lecionava na Universidade Ben-Gurion, na Faculdade Sapir e tinha uma coluna fixa no jornal *Davar*. Em certo momento eu pude acompanhar Amós em suas viagens ao exterior.

O primeiro país para o qual viajamos juntos foi o Japão. Fomos para uma estada de três semanas, a convite do governo japonês. Quando caminhávamos pelas ruas de Tóquio, notávamos que ninguém ria, que ninguém andava de mãos dadas. Não víamos nenhum casal abraçado. Quando Amós dizia algo engraçado e eu ria, ele fazia sinal para eu abafar o riso e dizia: "Se você rir todos saberão que você não é japonesa".

Certa manhã, Amós ficou esperando no hotel que fossem buscá-lo para uma reunião de duas horas que ele teria com intelectuais e escritores. Um japonês apareceu, com um inglês difícil de entender, e disse a Amós que o acompanhasse. Em vez de entrarem num carro, o japonês levou Amós até o metrô e começou a falar de metrôs e de sua construção. No início Amós pensou que esse fosse seu passatempo, mas quando o homem continuou falando sobre a situação do metrô em Tóquio e em outras cidades, Amós de repente se deu conta de que o homem devia ter ido apanhar no hotel um engenheiro de metrô. Depois, ao me contar isso, brincou dizendo que o engenheiro de metrô com certeza fora se encontrar com escritores. Ele me disse: "Eu deveria ter começado a projetar uma linha de metrô para eles. Ia ganhar uma fortuna".

Numa palestra na Universidade de Beijin, na China, o salão estava abarrotado, então me puseram sentada na mesa do painel, no palco, ao lado de Amós e do diretor da universidade. Na hora de o público fazer perguntas, uma estudante se dirigiu a mim e perguntou como era ser casada com um escritor tão renomado. Olhei para as mulheres sentadas nas primeiras filas, que me pareceram cansadas e famintas. Respondi assim: "Viver juntos é como olhar num espelho. No início você olha um pouco de longe, mas com o tempo o espelho vai se aproximando, se aproximando, até que você está juntinho dele e não se vê mais nele. Da mesma forma, eu já não olho para Amós de longe, e sim como alguém muito próximo, então o vejo como o via quando eu tinha catorze anos". Enquanto saíamos de lá, o diretor da universidade me disse que minhas palavras eram compatíveis com o modo chinês de pensar. Eu não sabia disso, mas fiquei contente de que minhas palavras tivessem sido interpretadas dessa forma.

Uma vez, em Londres, estávamos na fila do teatro para assistir a uma peça de Tchékhov. Era uma fila longa, umas sessenta pessoas, e não muito longe de nós, na calçada, havia um cobertor estendido e sobre ele uma mulher com roupas da Europa oriental e um bebê. De repente, Amós e eu vimos quatro jovens se aproximando, cabelos espetados, dizeres tatuados nos braços e uma expressão ameaçadora no rosto. Tivemos certeza de que iam atacar a mulher e o bebê só porque eram estrangeiros. Amós e eu saímos da fila e nos pusemos de costas para a mulher e de frente para os valentões. Depois de alguns instantes eles foram embora. Estou certa de que se tivéssemos dito uma palavra em hebraico eles teriam batido em nós.

Quando estivemos na Tchecoslováquia, Amós e eu nos encontramos com o escritor e dramaturgo Václav Havel, presidente do país. Jantamos na casa dele e tivemos uma conversa tocante. Ele fora perseguido durante muito tempo e tinha sido preso por se opor ao regime anterior. Depois de sair da prisão, foi trabalhar com sistemas de calefação em grandes prédios residenciais, com centenas de moradores. Quando lhe disseram que havia sido eleito presidente, em vez de correr imediatamente para a residência oficial do presidente do país, Havel continuou trabalhando ainda por três dias, até que um substituto assumisse a função, caso contrário centenas de pessoas ficariam sem aquecimento. Havel disse a Amós que se ele, um escritor, acabou se tornando presidente da Tchecoslováquia, e depois da República Tcheca, Amós também poderia facilmente se tornar o primeiro-ministro de Israel. Amós respondeu que ser primeiro-ministro de Israel era difícil demais, mas que estaria disposto a ser presidente da Tchecoslováquia.

Em um de seus discursos, Amós abordou a questão do que o homem comum pode fazer quando enfrenta sozinho uma calamidade e não tem atrás de si todo um batalhão. Ele disse que no caso de um grande incêndio, por exemplo, a pessoa tem algumas possibilidades. Uma delas é fugir e se salvar. Outra é escrever uma carta dura para a redação do jornal, ou para a prefeitura, ou para o governo. A terceira possibilidade é fazer tudo o que puder para apagar o incêndio, e se a pessoa agir desse modo mais pessoas virão para ajudá-la. Se não houver um balde com água, que ela pegue um copo, e se não houver um copo, que pegue uma colher. Todo mundo tem uma colher, e se milhões de pessoas participarem elas apagarão o incêndio.

Sob a inspiração desse discurso, foi criada na Suécia a Ordem da Colher, cujos membros ostentavam uma pequena colher na lapela e atuavam no combate aos fanáticos e na ajuda aos necessitados. As palavras de Amós foram impressas em apostilas de estudo especiais e distribuídas a professores e alunos do ensino médio. Para mim, é um marco perpétuo, pois há um lugar no mundo no qual as pessoas trilham o caminho que Amós mostrou.

Uma vez estivemos em Nápoles por alguns dias e Amós deu uma palestra sobre literatura. No início do evento, entrou um grupo de italianos apoiadores dos palestinos, que perturbou a palestra com gritos. Amós não se alterou, dirigiu-se ao grupo e disse a eles calmamente: "Escolham um porta-voz, eu cedo um lugar no palco para ele, e ele dirá o que vocês têm a dizer". E assim foi.

Em Nápoles existe uma prisão onde se realizam estudos em grupo, um deles é sobre literatura, e naquele ano estudaram livros de Amós. Fomos convidados a visitar aquele presídio. Alguns prisioneiros estavam vestidos com uniformes de presidiários, mas também havia prisioneiros de terno e gravata. Sabíamos que estes eram da máfia. Amós conversou com os presos sobre os livros que eles tinham estudado e respondeu às perguntas. No fim toquei para eles, na flauta doce, cinco canções hebraicas, entre elas "Shibolet bassadé" [Uma espiga no campo] e "Mal'u assameinu bar veiekeveinu iain" [Nossos celeiros estão cheios de cereais e nossas adegas de vinho]. Quando terminou, um prisioneiro de terno e gravata veio até mim, disse que tinha gostado muito da minha execução e me deu um número de telefone. "Se alguma vez vocês estiverem em apuros", ele disse, "liguem para este número." Depois Amós comentou comigo: "Se nos deram esse número, imagine aonde sua música pode nos levar". Eu disse: "Principalmente quando toco 'Shibolet bassadé' para a máfia".

A verdade é que quase nunca aconteceu de eu viajar sem minha flauta doce, e mais de uma vez Amós pediu que eu tocasse para o público antes de sua palestra, e eu tocava três ou quatro músicas. Depois, quando Amós subia ao palco, dizia ao público: "Este foi nosso programa cultural desta noite. Obrigado e boa noite".

Numa pequena cidade do Brasil, entre Rio de Janeiro e São Paulo, fomos convidados para um festival, e Amós se preparou para falar, numa grande tenda para muitas crianças, e apresentar seu livro *De repente nas profundezas do bosque*. Lembro de ele se sentir pressionado, pois sabia que aquelas crianças não conheciam nenhuma língua além do português. Amós e eu estávamos sentados na primeira fila, quando de repente, sem que ninguém nos tivesse preparado, crianças subiram ao palco e apresentaram um espetáculo baseado no livro. Amós se emocionou até as lágrimas. O governo brasileiro tinha traduzido o livro para o português e distribuído milhares de exemplares para as crianças. Para possibilitar isso, Amós abriu mão dos direitos. Quando vimos o espetáculo das crianças, sentimos que aquele fora o pagamento por seu trabalho.

Há passeios de israelenses na Ucrânia que seguem

os rastros de escritores, e depois que Amós publicou *De amor e trevas* acrescentaram a esses passeios Rovno, a cidade natal de sua mãe. Uma garota que estava na primeira visita feita a Rovno fotografou a casa que achavam ter sido da família Musman. A moça me mandou essa foto e a mostrei para Sonia, tia de Amós. Ela disse que aquela não era a casa. Resolvi encontrar a verdadeira casa. Sonia me indicou um parente distante que morava em Shderot, com quem fiz contato. Ele disse para eu pegar um mapa da cidade e, pelo mapa, me orientou a chegar a três casas da rua Dubinska, uma perto da outra. Uma delas era a casa certa.

O segundo passeio a Rovno ia sair com a guia interessada em literatura Mimi Chaskin. Conversei com ela e lhe dei instruções sobre como chegar às três casas. Eu disse que, como ela tinha lido o livro, eu confiava que ela ia identificar a casa, entre as três, com base na descrição de Amós. Mimi voltou do passeio e me trouxe uma foto. No dia seguinte fui ver Sonia e mostrei-lhe a foto. Sonia identificou a janela de seu quarto e começou a chorar. No dia seguinte eu já estava embarcando num avião para o terceiro passeio.

Amós não quis ir comigo. Não se interessava por lugares de sua história familiar. O que lhe importava eram as histórias. Nunca pensou em viajar para Rovno, pois a Rovno que sua mãe conhecera tinha deixado de existir. Ele riu de mim por eu estar viajando num passeio guiado, na esteira dele e sem ele. A família Musman tinha deixado sua casa em Rovno no fim da década de 1930 devido ao antissemitismo, e nem vender a casa ela pôde, pois cristãos não compravam casas de judeus. A casa, na verdade, pertence à família até hoje. Quando chegamos, descobrimos que cinco famílias moravam na casa que fora da família Musman. Não quiseram nos deixar entrar, pois tinham medo de que os judeus fossem exigir a devolução de seus bens.

O nome da rua continuou o mesmo, mas o número da casa foi mudado na guerra e era bem diferente do número original. De acordo com o livro, e também de acordo com Sonia, atrás da casa deveria haver um gigantesco pomar de árvores frutíferas. Caminhei em volta da casa, olhei e não havia nada. Atrás dela tinha uma espécie de muralha que separava a casa do resto da cidade, mas o belo pomar não existia mais. Quando voltei ao ônibus, liguei para tia Sonia em Tel Aviv. O guia do passeio percebeu que era uma conversa importante e a pôs no alto-falante para que todo o ônibus ouvisse. Eu a fiz participar da nossa emoção, e Sonia me perguntou do pomar. Não consegui mentir e contei a verdade. Ela chorou, eu disse "Não chore" e ela chorou ainda mais. Olhei para as pessoas no ônibus e vi que todas estavam chorando.[19]

Quando voltei, Amós ficou interessado no que tinha ocorrido. Era importante para ele, apesar de dizer que vivia nas histórias e que não precisava visitar casas. Para ele, uma casa era só pedras, enquanto a história o entusiasmava.

Alguns anos depois, Fania foi a Rovno como convidada do prefeito e da nova comunidade judaica, por isso entrou na casa da rua Dubinska e foi bem recebida. Chegaram lá o prefeito e duas moças com roupas tradicionais da Ucrânia e lhe deram um bolo gigantesco no formato de um livro, onde estava escrito "Amós Oz". Fania testemunhou o descerramento de uma placa na fachada da casa, na qual se lia em hebraico, inglês e ucraniano:

> Nesta casa nasceu e cresceu Fania Musman, de abençoada memória (1914-52), mãe de Amós Oz. Aqui moraram também seus pais, Ita e Hertz Musman, de abençoada memória, e suas irmãs Chaia e Sonia, de abençoada memória. A casa é amplamente descrita no livro de Amós Oz *De amor e trevas*, que foi traduzido para dezenas de línguas e do qual foram publicados no mundo milhões de excmplares.

Fania, que também viu a cidade próxima onde ocorrera o massacre, só queria voltar para casa, para Israel.

A terceira condição

Quando Amós se dispôs a escrever *Judas* (título original: *O evangelho segundo Judas Iscariotes*), o processo foi cercado de muita leitura. Ele se preparou para escrever esse livro; leu muitos livros históricos e, quando começou, a escrita foi ficando cada vez mais difícil. Ele reclamava, dizendo que era como trabalhar numa pedreira. Um dia, pegou todos os rascunhos e jogou na cesta do lixo. Eu entrei no escritório e perguntei o que tinha acontecido. Ele disse que simplesmente não podia mais, que estava jogando tudo fora. Pedi que me deixasse pegar os rascunhos e ele concordou.

Recolhi todas as páginas e guardei no armário do quarto. Um dia, alguns meses depois, ele pediu os rascunhos de volta, e continuou a escrever. No fim, o livro teve sucesso, valeu a pena tê-lo salvado.

Certa vez, Amós recebeu um telefonema de Vladimir Ilitch Tolstói, tataraneto do escritor Liev Tolstói. Ele comunicou que Amós receberia o prêmio Iasnaia Poliana, em memória de Liev Tolstói. Vladimir Ilitch era o chefe da comissão. Amós já estava doente, e isso foi um momento luminoso para ele. Quando estávamos em Moscou, o livro foi publicado lá. Viktor Radutsky, que traduziu para o russo pelo menos dez livros de Amós, recebeu o prêmio pela tradução.

Convidaram-nos para ir a um restaurante, mas não pudemos conversar com todos, pois parte do grupo não sabia inglês. Quando, porém, comecei a cantar as canções russas que havia aprendido com a minha mãe, todos se juntaram a mim, emocionados. Vladimir Ilitch Tolstói me abraçou, e outros depois dele, e Amós disse que havia uma fila de pessoas querendo me abraçar que ia de lá até a Praça Vermelha.

Em seus três últimos meses de vida, Amós estava muito doente e fazia quimioterapia. O sistema imunológico ficou debilitado, por isso quase mais ninguém podia vir visitá-lo.[20] Organizei uma agenda diária e lia para ele um livro seu chamado *Hamatsav hashlishi* [A terceira condição], ou *Fima*. Li até o fim. Era algo sagrado para nós. Não houve nenhum dia sem essa leitura. Tornei a descobrir como esse livro era bom, e Amós me disse que sentia que eu compreendia o livro e que minha leitura transmitia todas as suas qualidades. Depois da leitura assistíamos a filmes[21] e em seguida, antes de dormir, eu cantava para ele. Até hoje não consigo cantar nem ouvir as canções que cantei, pois o meu coração se contrai.

O cerne da vida

Eu leio muito o Tanach, a Bíblia hebraica, e vi uma coisa incrível que Amós escreveu à mão no exemplar do Tanach que costumo ler. Tem a ver com o décimo castigo, o da morte dos primogênitos. Na Bíblia está escrito: "À meia-noite eu entrarei no Egito, e morrerá todo primogênito na terra do Egito, desde o primogênito do Faraó sentado em seu trono até o do prisioneiro no poço", isto é, o primogênito de quem está na prisão também morrerá. E no fim também está escrito: "E todo primogênito do gado", isto é, o bezerro primogênito da vaca e o cordeiro primogênito da ovelha morrerão. Amós escreveu: "Por quê? Por quê? Por que o primogênito do gado tem que morrer? Por que o primogênito de quem está na prisão tem que morrer? Por quê? Por quê?". Quando ele escreveu isso, era muito jovem, escreveu para si mesmo, e a primeira vez que vi esse texto não faz muito tempo. Amós não conseguia entender o malvado, a maldade sem qualquer sentido. Iago convenceu Otelo a matar Desdêmona, arrasando também com a vida de Otelo. Amós não entendia o que ele ganharia com isso. Não ganhou dinheiro nem posição social nem progrediu na vida. Foi maldade pura. Amós ensinava muito sobre Otelo em suas aulas.

Ele queria tanto compreender a maldade e o malvado, que leu tudo o que se escreveu sobre Hitler e Stálin. Uma vez, num aniversário de Amós, Fania lhe deu de presente a última biografia de Hitler. Ele ficou imensamente feliz, e Fania disse: "No ano que vem vou lhe dar um pôster".

Amós não concordava com o termo *Shoá* (Holocausto), pois na Bíblia *Shoá* é uma tragédia da natureza, como um terremoto, e aquilo não tinha sido uma tragédia da natureza, e sim produto das mãos do homem. Rejeitava o termo "extermínio", pois extermínio, em hebraico, é eliminação de insetos. Tampouco concordava que se atribuísse a responsabilidade somente aos nazistas, para que os alemães não se livrassem dela dizendo ter sido sequestrados por uma quadrilha de loucos. Achava que as coisas precisavam ser ditas em sua versão verdadeira: o assassinato do povo judeu pelos alemães. Na Feira do Livro de Frankfurt, Amós recebeu um prêmio da Organização de Escritores Alemães. Uma jovem jornalista se levantou e perguntou se ele achava que os palestinos estavam pagando o preço pelo que tinha acontecido aos judeus na Europa. Amós respondeu imediatamente: "Você tem razão; se vocês tivessem conseguido matar a todos nós, os palestinos não teriam nenhum problema. Pena, para eles, que vocês tenham feito um trabalho tão ruim".

Tenho quase certeza de que para Amós não havia figuras totalmente malvadas. Ele mesmo não era capaz de criar um personagem desses, pois não conseguiria se ligar a ele. Desde que Amós se foi, as pessoas que vêm até mim falam do bom coração que ele tinha, em vez de falar de sua escrita. Um jovem escritor me contou que tinha enviado a Amós seu primeiro manuscrito. Amós, que já estava doente, dedicou horas a esse manuscrito, corrigindo-o e aprimorando-o, e também o ajudou a encontrar uma editora, sem nem mesmo conhecê-lo. Era sempre assim. Em vez de dedicar todo o seu tempo a escrever, Amós preferia ler manuscritos para ajudar o próximo. Também dava conselhos a jovens escritores de outros países para ajudá-los a encontrar editoras pelo mundo.

Quando acabava de escrever um livro, Amós nunca ficava tranquilo, esperava algum tempo e começava a escrever um novo livro. Na minha opinião, ele nunca se repetia; todo livro dele era algo completamente diferente. Amós era sempre abundante de concepções novas, de novas ideias e histórias, e de um senso de humor admirável. Ele inventava coisas num instante.

Amós costumava dizer que eu gostava de dramas,

ele criava dramas, por isso éramos um casal bem-sucedido. Quando recebia uma ligação telefônica de algum presidente ou chefe de governo, ou talvez até mesmo do papa, ele dizia: "Estou no meio de um livro, não vou me encontrar com essas pessoas. Talvez elas estejam ociosas, mas eu não sou uma pessoa ociosa".

Amós sempre dizia que observava uma frase com uma pinça, como se fosse um diamante. Olhava para todos os lados dela e depois a lapidava, para que ficasse exatamente como ele queria. Até conseguir isso, não largava a frase.[22] Se estava trabalhando com um tradutor, Amós lhe dizia: "*Be disloyal in order to be faithful*". Isto é, se for necessário, traia o autor na palavra a fim de ser fiel ao espírito do que ele escreveu.

A língua hebraica era sagrada para ele. Em nossa viagem à Itália, com Fania, Eli e os netos, fomos ao Coliseu. Havia lá prateleiras de guias turísticos em muitas línguas, e entre elas Amós encontrou uma em hebraico. De repente vieram-lhe lágrimas aos olhos e Din gritou para Nadav: "Venha depressa, o vovô está chorando!". Perguntamos a ele o que tinha acontecido, e Amós disse: "Não tem em latim!". Para ele, isso significava que havíamos vencido os romanos. Acho que ele foi o único turista em Roma que procurou um guia turístico em latim.

Amós e eu chegamos ao Hospital Rambam um dia depois do nascimento de Din e de Nadav. Peguei Nadav nos braços e comecei a cantar para ele, e via-se nele, na expressão do rosto e na linguagem corporal, que estava emocionado. Amós disse:

> Até este momento Nadav só conhecia a luz e a escuridão, o calor e o frio, a fome e a satisfação, a sede e a saciedade. São todas as coisas que o bebê com um dia de vida conhece. E agora, neste momento, ele tomou conhecimento de mais uma possibilidade. Eis aí algo que ele não conhecia até agora: música.

Amós não precisou de mais que um segundo para expressar o que acontecera com Nadav. Durante as dezenas de anos que passei com Amós, vi essa aptidão em inúmeras ocasiões. Ele contou que quando escrevia *Meu Michel*, a primeira vez em que escrevia do ponto de vista de uma mulher, teve a sensação de que Hana lhe pedia que a descrevesse de um modo ou de outro. Ele dizia a ela o tempo todo: "Cale a boca, estou escrevendo você, você não pode me dizer o que fazer". E ela dizia: "Não, esta é a minha vida, você me descreve, e eu, sim, é que vou dizer a você como".

Há um conto sobre um casal que ele queria que se encontrasse num café. Amós começa a escrever e de repente vê que os dois se encontram em um bosque fora da cidade. Amós contou que disse a eles: "Me desculpe, mas posso saber o que vocês estão fazendo aqui? Minha intenção era que ficassem no café". Então eles lhe disseram: "Você não vai dizer onde vamos nos encontrar; resolvemos nos encontrar aqui".[23]

A capacidade que Amós e eu tínhamos de compartilhar nossos sentimentos aprimorou-se com o tempo. Essa abertura entre nós durou até o fim. Sempre prestamos atenção àquilo de que o outro gostava, ao que lhe interessava. Trocávamos livros, Amós me apresentou muita coisa, sobretudo da literatura hebraica, e conversávamos sobre os livros depois da leitura. Se chegava em casa algum livro ruim, Amós o punha na estante e me falava para não lê-lo. Dizia que devido a seu trabalho era obrigado a saber de tudo o que acontecia na literatura hebraica, mas eu não.

Acho que se acordassem Amós às duas da manhã e lhe dissessem que ele precisava dar uma palestra, ele se levantaria, se vestiria, perguntaria qual era o público, qual o tema da palestra, e simplesmente faria sua apresentação mesmo sem anotações e sem se preparar. A palestra iria fluir de forma organizada, tudo de cor.

Amós costumava responder às perguntas da audiência — sem saber o que iriam perguntar — de modo imediato e fluente. Ele falava como escrevia, sem circunvoluções, sem erros e sem nada que não tivesse a ver com o assunto, como se tivesse preparado tudo antecipadamente, tanto em hebraico quanto em inglês. Isso foi característico dele desde a infância até sua última palestra, em fins de junho de 2018, no Centro Cymbalista, na Universidade de Tel Aviv, pouco tempo antes de sua saúde começar a ficar debilitada. A caminho dessa palestra ele me disse que não tinha preparado nada, nem uma anotação num pedaço de papel, mas como eu estava casada com ele fazia sessenta anos nem me passou pela cabeça a possibilidade de ele não saber o que dizer. Isso nunca aconteceu. Depois de sua morte, publicamos essa palestra em forma de livro.

    Amós se orgulhava de que nossos três filhos escrevessem: Fania escreve livros sobre história, Galia, livros infantis, e Daniel escreve livros de poesia. Ele também tinha um excelente relacionamento com os netos. Contava a eles histórias que inventava, e quando eram muito pequenos eles se sentavam em seu colo e participavam das histórias, fazendo observações. Houve um período em que Amós e eu íamos com Alon e Iael, filhos de Galia, a um jardim público e Amós lhes contava histórias em série por horas e horas. Um dia juntou-se a nós uma menina de uns doze anos; nossos netos eram um pouco mais jovens. Toda vez que fazíamos uma pausa e íamos a algum lugar por ali, ela nos seguia para ver quando íamos recomeçar, e se juntava a nós de novo. No fim do dia, estávamos sentados nos bancos do jardim, quando ela perguntou a Amós: "Você inventou essas histórias?". Amós disse que sim, e ela disse: "Uau, você é bom mesmo!".

Tel Aviv, 2019

Para Nili, na festa de seu sexagésimo aniversário, Hotel Nof Arad, quinta vela de Chanuká, 1999

Bem, chegou o momento de vocês saberem toda a verdade. Shai Huldai, em sua saudação, descreveu muito bem o kibutz Hulda de 45 anos atrás, quando cheguei lá, era um menino de quase quinze anos. Vim direto do Ginásio Rechávia, de Jerusalém. Eu era um pálido entre bronzeados, um frangote magro entre gigantes musculosos, um palrador infatigável entre inabaláveis taciturnos, um escritor de poemas entre tratoristas com roupas de trabalho e sapatos pesados, destilando orvalhos de juventude hebreia. Em resumo: todos com uma alma sadia em um corpo sadio, e somente eu com uma alma sonhadora em um corpo transparente. Pior ainda, uma ou duas vezes me pegaram num canto afastado do kibutz desenhando aquarelas ou me escondendo no quarto dos jornais para escrever poemas, e ainda se espalhou o boato de que eu era revisionista, ou de família revisionista, de algum modo suspeito de ter ligações tenebrosas com Menachem Begin. Resumindo: genes irremediavelmente ferrados.

A verdade é que quando cheguei a Hulda eu já tinha "me convertido", deixado os círculos do "Cherut" e me afastado de Begin, e com certeza era o socialista mais socialista de todo o kibutz Hulda, mas isso não me ajudou, eu ainda era um alienígena bem estranho. Fui maltratado para valer. Uma vez me mandaram, no meio da noite, sem lanterna, verificar no estábulo se havia alguma vaca no cio; uma vez me escalaram para trabalhar nos esgotos; uma vez me mandaram à fazenda das crianças separar os patos machos das fêmeas — para que eu não me esquecesse de onde eu vinha e para que não houvesse nenhum mal-entendido sobre aonde eu tinha chegado.

Aliás, recebi todas essas triturações e zombarias com compreensão e até com aceitação, e não porque eu tivesse complexo de inferioridade, mas porque tinha de fato um status inferior. Eu achava que merecia aquilo. Eles, aqueles garotos robustos, e as garotas com o rabo de cavalo e túnica, eles eram a canção da terra, o sal da terra, os donos da terra, lindos como filhos de deuses e lindas como as noites do monte Knaan, vamos construir nossa terra, nossa pátria, sejamos todos pioneiros e pioneiras — todos menos eu, pois por mais que me bronzeasse meu rosto continuava pálido por baixo do bronzeado e por mais que eu me esforçasse com a graça de Deus e aprendesse a transportar de algum modo os canos de irrigação, a dirigir trator e a não errar o alvo nos treinos de tiro da Gadna,* com fuzis tchecos, eu sempre, pelos buracos da rede de camuflagem coletiva que eu estendera sobre mim mesmo, despontava de repente, esse garoto citadino, fracote, sensível, palrador incansável.

E para mim eles eram sublimes, esses garotos capazes de fazer um gol com a perna esquerda num chute de vinte metros, torcer o pescoço de um pinto sem pestanejar, invadir a despensa à noite e roubar guloseimas, e as garotas incríveis que caminhavam trinta quilômetros por dia com uma mochila de trinta quilos nas costas e depois ainda dançavam até tarde da noite, com suas saias azuis esvoaçando na dança como se a força de gravidade não atuasse sobre elas, e depois ainda cantavam para nós sob um céu de estrelas até o alvorecer canções emocionantes, de cortar o coração, de exaurir a alma, em duas vozes, em três, espalhando à sua volta uma irradiação sensual ingênua e contagiante exatamente por ser ingênua, celestial, como a canção pura dos anjos.

Bem, eu sabia, é claro, qual era o meu lugar, sem pretensões, não se faça de grande e não se meta no que cabe a quem é melhor que você. Mas até a um gato é permitido olhar para o rei — então eu olhava para eles.

* Serviço militar preparatório para jovens.

Os de belo e nobre semblante e, principalmente, eu olhava para as garotas. Olhava? Não, "olhava" não é a palavra. Até mesmo dormindo eu fixava nelas olhos de bezerro desejoso. Verdade, sem qualquer esperança: sabia que aquela classe não era para mim. Eram o cervo de Israel e eu era o verme de Iaakov. Elas eram os exércitos e as corças do campo, e eu, o chacal faminto. E entre elas, sempre no centro, o badalo do sino — Nili.

Verdade, todas eram maravilhosamente belas, uma por uma, mas com Nili sempre havia um círculo de alegria e luz em torno dela. Ela caminhava e cantava, caminhava cantando para si mesma, e até quando caminhava sem cantar a mim parecia que estava caminhando e cantando. O que ela tem?, eu me perguntava às vezes do fundo dos martírios de meus dezesseis anos, o que pode ser tão bom? Como, dos sofrimentos de um destino selvagem/ e das agruras de uma vida de pobreza/ de um passado desconhecido/ e de um futuro sem ideal,*[24] pode-se extrair tal alegria de viver? Uma animação tão luminosa? Uma tal expressão de júbilo? O quê, ela nunca ouviu que Receberam-receberam os montes de Efraim/ uma nova e jovem vítima/ como você, nossa vida/ sacrificaremos pelo povo** — o que, Nili, você não sabia? Você não tem sequer a noção de que perdemos tudo que nos era caro/ e não voltará jamais?

* Letra de uma canção hebraica.
** Letra de uma canção hebraica.

Isso me surpreendia, enraivecia e encantava. Nili era esse pirilampo: fonte de luz perene e infatigável.

E em torno do kibutz Hulda havia uma escuridão interminável. Um abismo negro que começava a dois metros do círculo de luz dos lampiões amarelos na cerca e se estendia até as estrelas distantes. Havia campos desertos, pomares áridos no escuro, colinas vazias, jardins abandonados ao vento noturno, ruínas de aldeias árabes — não como hoje, quando de Hulda se divisam à noite muitas luzes aglomeradas. Na década de 1950, tudo ainda estava vazio em volta. Havia os terroristas infiltrados, os *fedayun*. Havia o bosque na colina, o oliveiral, as árvores frutíferas, e em meio a tudo isso vagavam nas noites os chacais com suas bocas salivantes, cujo uivo de enlouquecer, de arrepiar os cabelos, atravessava nossas noites e fazia gelar o sangue (os chacais que, alguns anos depois, eu aceitei no trabalho e trabalham para mim no livro *Terras do chacal*. Eles pararam de uivar e já quase não são ouvidos na planície interior). Mesmo dentro do terreno cercado não havia muita luz à noite: aqui e ali uma débil poça de luz aos pés de um lampião, e novamente escuridão profunda até o próximo lampião, e o guarda-noturno circula entre os galinheiros e os estábulos, e a guarda faz sua ronda entre as casas de crianças.

Nas noites, ou fazíamos alguma coisa juntos — algo barulhento, febricitante, bem animado —, ou a escuridão entrava em nossos quartos e nos ossos e apagava nossa alma. Cantávamos, gritávamos, comíamos, discutíamos, contávamos piada, fofocávamos, tudo para expulsar a escuridão, o silêncio e o uivo dos chacais. Não havia televisão, vídeo, estéreo, internet, jogos de computador, não havia discoteca nem música disco; cinema, em Beit Herzl ou no grande gramado, só uma vez por semana, então era preciso se reunir, se mobilizar, criar luz e alegria.

Entre os adultos do kibutz — nós os chamávamos de "os velhos", embora só tivessem quarenta, 45 anos — havia alguns cuja luz interior já declinava, de tantas obrigações, compromissos, trabalho duro, decepções, reuniões, comissões, mutirões, discussões, turnos de trabalho, culturalices, de uma rotina desgastante. Muitos já eram pessoas apagadas. Às nove, nove e meia da noite, as luzes débeis iam se apagando uma atrás da outra nas pequenas janelas das casas dos veteranos — amanhã será preciso acordar novamente às quatro e meia para a colheita de frutas ou para a ordenha ou para ir aos campos. A luz era um bem de consumo raro e caro em Hulda, e Nili era um gerador, toda uma estação de força. Portanto — olhem só para ela assim ela brilha para mim até agora. Realizando, sem trégua, o lema "Viemos expulsar a escuridão".*

Sim, naqueles anos, em Hulda, Nili espalhava em toda a sua volta uma espécie de alegria de viver sem restrições, sem motivo, sem razão, sem indução, não

---

* Letra de uma canção hebraica.

precisava acontecer nada de especial para que ela transbordasse de repente de tanta alegria. Claro, ela às vezes ficava triste por alguns momentos, chorava um pouco se lhe fizessem — ou lhe parecesse que lhe fizeram — algum mal, choramingava um pouco em um filme triste, derramava uma lágrima ao ler uma página tocante num romance, mas sua tristeza estava sempre entre parênteses dentro de uma forte e perene alegria. Estou certo de que isso lhe vinha de casa. Dos pais. Riva, por exemplo, ouvia música dentro de sua cabeça mesmo que não houvesse — e nem poderia haver — música alguma, e Shaftel caminhava pelo kibutz cantando, trabalhava no jardim cantando, carregava sacos cantando, e quando dizia "Tudo vai ficar bem" ele de fato acreditava nisso, sempre, totalmente, sem nenhuma dúvida ou restrição: tudo ia ficar bem.

Então, quando eu tinha dezesseis anos, eu olhava para a alegria que se irradiava de Nili como quem olha para a lua cheia: distante, inatingível, mas maravilhosa e inspiradora. Claro, eu me sentia pequeno. Claro, só de longe, claro, luzes esplendorosas como essas, não temos direito de utilizá-las, só de olhar para elas.*

Resumindo, durante os anos de escola e de Exército, tive uma namorada fora de Hulda. E Nili, um acervo de paqueradores de todos os tipos, e um segundo círculo de encantados seguidores, e um terceiro círculo

---

* Letra de uma canção que se refere às velas de Chanuká.

de humildes e silenciosos, e um quarto círculo de quem só fica ouvindo de longe, e no quinto ou sexto círculo estava eu, o hissopo no muro.* No qual, às vezes, tocava um perdulário raio de sol. Tocava, e não sabia o que tinha feito com ele. Quando me pegaram rabiscando poemas, ficou claro para todos que desse sujeito não sairia nada de bom. Mesmo assim, encarregaram-me de escrever rimas para eventos oficiais — festas, datas festivas, casamentos, comemorações. Os poemas espirituais que escrevi, escondi deles (no fundo da palha de um velho colchão). Apesar disso, às vezes mostrava para Nili, conquanto, quando a turma caía em cima de mim, ela não se esquivasse da farra geral. Não ficava de fora, absolutamente (por isso está me pagando uma pesada multa, com juros e correção monetária, ao ser obrigada a me aturar já há quarenta anos). Por que eu mostrava os poemas exatamente para Nili? Pergunta muito boa. Talvez eu quisesse saber qual dos meus poemas da escuridão iria se dissolver no momento em que fosse exposto à luz do sol e qual iria, talvez, conseguir sobreviver. Até hoje Nili é a primeira a ver tudo que escrevo. É minha primeira leitora. E mesmo depois de todos esses anos, ainda não conto com nem um pingo de comiseração dela: quando Nili acha que algo não está funcionando, diz: "Olhe,

* Planta que cresce nos muros, como musgo, metáfora para algo sem importância. Também de uma canção hebraica.

isto não está funcionando. Ou apague ou reescreva". Quando alguma coisa não tem valor, ela diz: "Isso não tem valor. Abandone. Tente outra coisa". Quando alguma coisa se parece com algo que já escrevi, ela diz: "Basta, você já escreveu isso uma vez. Não repita". Mas quando alguma coisa me sai bem, Nili me olha e todo o recinto se enche de luz. Mesmo se for de dia. Mesmo que todas as luzes estejam acesas, ela olha e o quarto se enche de luz e ela diz: "Amós, isto é maravilhoso. É lindo demais", e também me explica o motivo. E quando acontece de eu escrever algo triste, ela lê, se entristece e diz: "Estou em lágrimas por causa deste trecho". Às vezes sai alguma coisa engraçada, e Nili de repente irrompe num riso alto e caloroso, um riso fluente, e me diz: "Só você seria capaz de escrever isto. No mundo inteiro não há ninguém além de você capaz de imaginar uma coisa dessas". Depois vêm os especialistas em literatura e os professores, a turma da demolição, mas não estou nem aí. Em geral, tudo o que Nili diz que é bonito passou, para mim, pelo teste de qualidade e merece seguir seu caminho.

Bem, voltando a 1957, 1958, 1959, 1960: Nili tinha amigos e admiradores das classes mais altas. Ela saía com pilotos, paraquedistas, o sal da terra, o judaísmo dos músculos. Eu não pairava nas alturas. Se uma das princesas, cercada de um enxame de paqueradores, passasse pela cabana do mais humilde vassalo, no máximo ele ergueria os olhos por um instante, se ofuscaria e abençoaria seu dia.

Imaginem o choque em Hulda e na vizinhança, de Mishmar David a Akir, quando se soube que o olho do sol pousara de repente no hissopo do muro. Todo o kibutz ficou em polvorosa no dia em que se soube. Acho que naquele dia ninguém foi trabalhar em Hulda. As vacas não deram leite de tão espantadas que ficaram, as galinhas não puseram ovos, Tzvi Kessar tocou o gongo que se toca quando há um incêndio, Zalman hasteou a bandeira vermelha na torre d'água, Moshe Kalker dançou com Baruch Heizel, Frida apareceu de sapato de salto alto e meia arrastão. A Casa do Palmach se moveu para o norte, junto com o refeitório. Na floresta Herzl apareceram ursos-brancos, o imperador do Japão foi visto perambulando pela fazenda da Gadna declamando escritos de A. D. Gordon. E o sol brilhava e brilhava e não parou de brilhar por 36 horas seguidas.

Vocês com certeza se lembram de Brigitte Bardot, a mulher com que todos os homens do mundo sonhavam naquela época? Lembram o espanto que houve no mundo quando Brigitte Bardot escolheu, de todos os homens sobre o planeta Terra, um desconhecido total chamado Jacques Charrier, Jacques sortudo, Jacques milagreiro? Jacques amado pelos deuses, Jacques o mais feliz dos homens. Bem: quando as notícias se espalharam por Hulda de ponta a ponta, da Casa de Herzl ao redil de ovelhas e ao depósito de azeitonas e à quadra de basquete, toda Hulda começou a me chamar de Jacques Charrier. E eu? Eu fui até o chuveiro masculino, tranquei a porta, fiquei diante do espelho, olhei bem e disse (talvez em voz alta): "Espelho, espelho meu, por que razão eu mereço isso?".

Eu pensei: Será que entrou alguma coisa nos olhos dela? Um fio de cabelo ou algo assim? Talvez ela não esteja enxergando bem. Talvez isso passe logo. Será que está me pregando uma peça? Depois pensei, sem nenhuma conotação religiosa: Abençoado seja você, Deus nosso senhor, rei do mundo.*

Bem, vamos pular aqui alguns lances e dizer a vocês que em abril vão se completar quarenta anos de nosso casamento. Nili merece uma condecoração por heroísmo, uma ordem do mérito por sua força, o distintivo do exemplo e a medalha da boa alma por ter resistido, e não meramente resistido — basta olhar a aparência dela! Como se a vida fosse um piquenique.

Não é fácil estar casada comigo. Talvez eu lhes revele aqui um segredo: uma pessoa que escreve é como se transformasse no contrário: quando está escrevendo, não é uma pessoa. Quando eu escrevo, sou como um presente ausente. Falo comigo mesmo. Não ouço o que me dizem. Uma vez apático, uma vez delirando, meio vivo, meio vegetando, meio lembrando, meio esquecendo, meio reclamando, meio gritando — tudo isso no melhor dos casos. No pior dos casos, eu começo a arrumar a casa: vou de quarto em quar-

---

* A principal bênção a Deus no judaísmo.

to como o Golem de Praga ou como o monstro de Frankenstein, tirando do lugar qualquer coisa que eu pegue em cima de uma superfície e pondo-a em algum esconderijo distante — para que fique tudo em ordem, para que todas as superfícies da casa estejam totalmente vazias para a decolagem e o pouso de aviões. Tirando chaves de todos os lugares visíveis. Óculos. Bilhetes. Relógios. Até mesmo um copo de chá fumegando esquecido por alguém que começou a tomá-lo e se afastou por um momento, abandonando-o à sanha do monstro que a tudo tritura e a tudo apaga. Que leva tudo que esteja visível para seu tesouro. Para que haja um pouco de ordem nessa casa.

Porém Nili, quanto mais a torturam mais ela resiste, não só demonstrando um heroísmo sublime, mas também uma alegria. O que é isso? Que alegria é essa que capturou você, Nili? O quê? Tudo no mundo é motivo para uma festa? Tudo é dourado? E não só isso: lentamente, um centímetro por ano, ela consegue me aprimorar, devolver-me a meu melhor e ao caminho do bem. Deem-nos mais quarenta anos como estes, e verão no fim que ainda chegarei a ser alguma coisa. Podem contar com Nili.

E há mais uma coisa: reconheço que as histórias que escrevo saem em geral bem tristes, se não mais para baixo ainda. Um rio inteiro de depressão jorra de meus livros, e o fato de mesmo assim a família permanecer inteira e iluminada deve-se a você, Nili. Mais do que isso: o fato de eu parecer um pouco melhor do que meus personagens, menos amalucado, menos infeliz, menos esquisito também é graças a você, Nili. Pois quando você me encontrou eu parecia ainda mais miserável do que meus personagens.

Quem sabe você finalmente nos conte a verdade: como há quarenta anos você de repente resolveu pegar toda a sua fortuna, a fortuna de sua luz, a fortuna do amor, a fortuna da alegria, a fortuna do encanto e a fortuna de sua generosidade e investir tal fortuna numa ação tão mambembe?

Você terá que responder isso a todas essas pessoas que a amam, que se reuniram aqui em sua homenagem esta noite. Mas antes, talvez, cantemos um pouco. Vamos cantar até que Nili se recupere um pouco do meu discurso. Depois ela vai negar tudo que quiser e contar a vocês, em vez disso, o que realmente aconteceu.

Agradecimentos

Este livro não teria sido publicado sem a ajuda de Anat Neuberg-Petrover, Iuval Shimoni e Daniel Oz.

O livro se baseia em diálogos que tive com minha prima Anat Neuberg-Petrover, que durante um ano e meio conversou comigo uma vez por semana, fez perguntas sensatas e me ouviu com muito amor. Por isso agradeço a ela do fundo do meu coração.

Agradeço a meu filho querido, Daniel Oz, por este livro ser como é, isso graças a seu conhecimento da língua, suas observações, que respeitaram o conteúdo e meu estilo, sua profunda compreensão de literatura, sua sensibilidade e atenção a todos os detalhes.

Quero agradecer também a Fania Oz-Salzberger, minha amada filha, que acompanhou ansiosa a escrita do livro, prestou grande ajuda e me salvou de colapsos quase todos os dias.

Do fundo do coração, agradeço a Din e a Nadav, meus queridos netos, que estão sempre comigo, me ajudando e cuidando de mim. Obrigada pela segurança, pelo apoio e calor que vocês me dão o tempo todo. Iuval Shimoni foi um dos primeiros leitores do livro e contribuiu muito para sua formatação. Também me incentivou ao longo de todo o caminho e acreditou no livro. Meus agradecimentos a ele por isso.

Obrigada também a Avner Holtsman, Gafnit Lassari Kukia, Aliza Raz-Meltser e a Charles Baken, que foram um apoio para mim enquanto eu escrevia o livro e que ao longo de todo o trabalho acreditaram em mim e me deram força.

Notas

1. "À medida que o ódio a minha mãe arrefecia, comecei a desprezar a mim mesmo [...]. Todas as mães amam os seus filhos: é uma lei da natureza. Até a gata. Ou a cabra. Até as mães de assassinos e criminosos [...]. O fato de que só a mim não tinha sido possível amar, o fato de minha mãe ter fugido de mim, isso só demonstrava que simplesmente não havia nada em mim para se amar, que eu não merecia ser amado. Havia alguma coisa errada comigo. Algo de muito terrível [...]. Algo tão horrível que até mesmo minha mãe, uma mulher amorosa, de sentimentos nobres, uma pessoa que sabia estender seu amor a um passarinho, a um mendigo na rua, a um cãozinho perdido, nem ela tinha conseguido me aguentar, e tivera de tomar afinal a decisão de fugir, de escapar de mim para o lugar mais remoto que pudesse." (Amós Oz, *De amor e trevas*. Trad. de Milton Lando. São Paulo: Companhia das Letras, 2005, pp. 248-9.)

2. "Eles me batiam por serem bronzeados e eu branco, me batiam porque eu não jogava basquete, porque escrevia poemas, porque falava bem, porque não sabia dançar, e também levava o que no Exército chamam de 'contragolpe antecipado' pelo fato de que um dia eu abandonaria o kibutz." (Amós Oz e Shira Hadad,

Do que é feita a maçã. Trad. de Paulo Geiger. São Paulo: Companhia das Letras, 2019, p. 96.)

3. "Meu primeiro impulso é o de adivinhar o que eu sentiria se fosse ele, o que sentiria se fosse ela: o que estaria pensando? O que estaria querendo? Do que eu me envergonharia? O que, por exemplo, seria para mim importante que ninguém no mundo soubesse a meu respeito? O que eu vestiria? O que comeria? Essas perguntas sempre me acompanharam, ainda antes de eu começar a escrever histórias, desde a infância. Eu era filho único e não tinha amigos. [...] Eu, para não enlouquecer de tanta solidão, simplesmente comecei a espionar os que estavam nas mesas vizinhas. Captava trechos de conversas, ficava olhando, quem pedia o quê ao garçom? Quem pagava? Tentava adivinhar quais eram os laços entre aquelas pessoas em torno da mesa vizinha, tentava até mesmo imaginar, de acordo com seu aspecto e sua linguagem corporal, de onde vinham, como era a casa deles. Faço isso até hoje." (*Do que é feita a maçã*, op. cit., pp. 12-3.)

4. "Eu levantava cedo e varria a casa para ela, antes de ir para a escola. Duas vezes por semana eu passava um pano molhado com água e sabão no piso, e depois um pano seco. Aprendi a fazer uma salada, cortar uma fatia de pão e fritar um ovo todas as noites para mim, pois mamãe sofria de enjoos noturnos.

E meu pai começou, justo naqueles dias, a ser atacado por uma alegria inesperada, sem motivo aparente, e com grande esforço tentava disfarçar essa nova onda de bom humor. Murmurava o tempo todo consigo mesmo, ria de repente, sem nenhum motivo, e uma vez, não tendo me visto, saiu saltitando e dando passos de dança pelo quintal, como se tivesse sido picado por um inseto. Saía muitas vezes à noite para voltar quando eu já dormia havia tempo. Tinha de sair, assim dizia, porque no meu quarto era obrigatório apagar as luzes às nove horas, e no seu quarto mamãe não suportava a luz elétrica. A noite inteira, noite após noite, ela passava sentada sozinha em sua cadeira em frente à janela." (*De amor e trevas*, op. cit., p. 457.)

5. "As palavras que você me escreveu sobre seu livro me trouxeram à memória o semblante de sua mãe, que descanse em paz. Lembro-me de uma ocasião, há quinze ou dezesseis anos, quando ela me trouxe, a pedido de seu pai, um livro de sua biblioteca.

É possível que você também tenha vindo com ela. Ao chegar, postou-se no umbral da porta e disse umas poucas palavras. Mas sua face, com toda sua beleza e inocência, permaneceu diante dos meus olhos ainda por muitos dias.
Com os melhores votos,
Shai Agnon." (*De amor e trevas*, op. cit., p. 90.)

6. "Os chacais caminham na ponta das patas. Seu focinho é macio e úmido. Não ousarão chegar até as luzes na cerca, vão farejar em volta, juntando-se como que praticando um culto misterioso. Um anel de chacais cerca toda noite o perímetro do círculo de sombras em torno da ilha de luz. Até o alvorecer eles preenchem a escuridão com seu lamento, e sua fome se estilhaça em ondas até as margens da ilha iluminada e até as cercas. Mas pode acontecer de um deles ser atacado de loucura e se lançar sobre a odiada fortaleza com seus dentes afiados, devorar as aves, morder um cavalo ou um boi, ou acontecer de um dos guardas matá-lo com uma rajada precisa a meia distância. Então seus irmãos irrompem numa elegia, num grito de pavor e de impotência e de fúria e de expectativa pelo dia seguinte." (Amós Oz, "Antes de sua hora", em *Terras do chacal*. São Paulo: Companhia das Letras, no prelo.)

7. "Dalia Ravikovitch, que eu não conhecia, escreveu uma carta bem do jeito dela, de aquecer o coração, que começava com as palavras: 'Dizem que você é uma pessoa extraordinariamente jovem'. Por causa de seus poemas e por causa dessa carta eu me apaixonei um pouco por ela, e isso ainda antes de conhecê-la. Mas lembro que recortei do suplemento literário um retrato dela e o pus entre as páginas de meu exemplar de *Ahavat tapuach hazahav* [O amor da laranja]. (Intimamente, eu chamava Dalia Ravikovitch de *Tapuach Zahav*, laranja, e não de *Tapuz*, de forma alguma *Tapuz*, e sim *Tapuach Zahav*.) Mas eu nunca lhe disse que era um tanto apaixonado por ela, e nunca lhe disse que ela era uma laranja." (*Do que é feita a maçã*, op. cit., p. 87.)

8. "[...] e então se ouviu no rádio a voz de Talik, 'movam-se, movam-se, fim'. Isso já é mitologia. Talvez houvesse lá cinquenta tanques, numa área pequena, e todos os cinquenta tanques acionaram os motores ao mesmo tempo, o barulho foi inacreditável. Imagine cinquenta motores pesados e barulhentos. E eu me lembro de ter dito a mim mesmo: isto não é real, não pode ser. E le-

vei muito tempo lembrando e cavoucando, já depois de tudo terminado, para compreender o que estava me faltando para que aquilo fosse real. Sabe o que estava faltando?
A música.
Exatamente. Pois onde na vida eu tinha visto dezenas de tanques correndo para o combate? Nos filmes. E nos filmes isso sempre está acompanhado por música em tom maior." (*Do que é feita a maçã*, op. cit., pp. 20-1.)

9. "Vou contar uma coisa que não contei em *Siach Lochamim* [Conversa de combatentes]. Em 5 de junho, às oito horas da manhã, quando o combate começou, eu estava entre os blindados da divisão do general Tal, diante do setor de Rafiach, e às oito e meia da manhã os blindados entraram, e nós entramos atrás deles. Vi então pela primeira vez um homem estendido à beira da estrada, um soldado egípcio deitado de costas, braços e pernas abertos, a cabeça no chão, os olhos abertos, olhei para ele e disse comigo mesmo: 'Não vou poder mais comer nem beber em minha vida'. Passaram-se seis ou sete horas, não mais, e eu já estava cercado de baixas egípcias. Bebi água do cantil e ouvi música no rádio transistor, entre um noticiário e outro. A mudança que houve em mim nessas sete horas foi incompreensível." (*Siach lochamim* [Conversa de combatentes], ed. atual. e ampl., ed. Zeev Gris, Iair Alberton, Iuval Shachar, Edições Carmel, 2018, pp. 9-18.)

10. "Daqui a pouco virá o ataque: uma quadrilha de bandidos sedentos de sangue (uns vinte botões) vinda do leste e do sul atacará a cidadela, mas vamos usar de um estratagema. [...] e só então darei ordem de abrir fogo, que será disparado simultaneamente de todos os telhados e do topo do tinteiro representando a caixa-d'água. Os pioneiros irromperão sob o disfarce de peões brancos do meu jogo de xadrez, e com apenas algumas poucas rajadas irão aniquilar a força inimiga presa na armadilha mortal [...] vão converter o tapete no mar Mediterrâneo, a estante de livros, na costa da Europa, o sofá será a África, e o estreito de Gibraltar, o espaço entre os pés da cadeira; umas tantas cartas de baralho espalhadas representarão Chipre, Malta e Sicília, as cadernetas podem ser os porta-aviões, a borracha e o apontador, os cruzadores, as tachinhas, as minas submersas, e os clipes serão os submarinos." (*De amor e trevas*, op. cit., pp. 38-9.)

11. Amós Oz, *Beor hatchelet haazá* [À forte luz azul-celeste]. Jerusalém: Keter, 1979, p. 70.

12. "Eu pergunto, o que será depois da próxima guerra. 'Mais uma guerra', decreta Naif, 'e depois, mais uma. Mais cem guerras.' E no fim das guerras? 'No fim talvez se cansem. Talvez já não restem soldados. Talvez adquiram bom senso.'" (Amós Oz, *Pó vesham beErets Israel* [Aqui e ali na Terra de Israel]. Jerusalém: Keter, 2009, p. 63.)

13. "O país inteiro comemorou. Houve um grande festival. A imprensa comemorou, o rádio comemorou, ainda não havia televisão. Se houvesse televisão ela com certeza teria comemorado, uma grande festa, sem limites. Quase não se ouviu uma voz que dissesse: Espera aí, vamos parar e pensar. [...] Um povo que durante milhares de anos não teve força física, talvez seja humanamente compreensível que se embriague um pouco de sua força física. Mas meus amigos e eu vimos o outro lado, vimos uma guerra e o sofrimento do inimigo vencido, vimos sua humilhação, vimos o preço que o inimigo pagou. [...] Sabíamos o que o camponês de Latrun que sai, com nossas rajadas, para perambulações, e tudo o que pode levar consigo está envolto num grande lenço que leva nas costas — irá descobrir, em seu cajado e no saco-lenço que leva nas costas. Sabíamos que ele está pagando um alto preço pelo pecado que não cometeu. Sabíamos disso, vimos isso. E essa sensação ardente era comum a muitos de nós." (*Siach lochamim* [Conversa de combatentes], op. cit., pp. 22-4.)

14. "O livro *Meu Michel* eu escrevi no banheiro. Pois na época morávamos em unidades residenciais de um dormitório e meio, com um banheiro do tamanho de um banheiro de avião. E metade das noites eu não dormia. Escrevia no banheiro e fumava até meia-noite, uma hora, o quanto eu aguentasse. Sentava na tampa fechada da privada, com um álbum de Van Gogh que ganhamos como presente de casamento sobre os joelhos, um bloco em cima do álbum, uma esferográfica Globus em uma das mãos, um cigarro aceso na outra, e assim foi escrito *Meu Michel*." (*Do que é feita a maçã*, op. cit., pp. 88-9.)

15. "Juntos e ligados uns aos outros, passamos aquele outono como três condenados dividindo a mesma cela. E, contudo, cada qual continuava a viver sua própria vida [...]. Mil anos-luz os se-

paravam de mim. Melhor dizendo, anos-trevas." (*De amor e trevas*, op. cit., p. 515.)

16. "[...] e passados dois ou três segundos de pasmo, de bocas entreabertas como se sentissem sede, de olhos bem abertos, de repente nossa remota ruazinha também urrou e rugiu, dos limites de Kerem Avraham, no extremo norte de Jerusalém, num estrondoso grito primal, cortando a noite, os prédios e as árvores [...] e depois de mais um momento de assombro foi trocado por gritos de felicidade, e berros de *Am Israel Hai*, o Povo de Israel Vive, e alguém tentou puxar a *Hatíkva*, o hino nacional, e gritos de mulheres, e palmas, e canções patrióticas [...] meu pai e minha mãe estavam lá abraçados, colados um ao outro como duas crianças perdidas na floresta, de um jeito que eu nunca os tinha visto, nem antes nem depois daquela noite, e eu logo estava no chão entre eles, entre abraços de todos, e depois de novo encarapitado no ombro de meu pai, e ele, aquele intelectual, erudito, educadíssimo, gritava com todas as forças, e não foram palavras nem jogos de palavras, nem lemas sionistas, nem foram gritos de prazer, mas foi um grito longo, nu e cru, anterior à invenção das palavras [...] é possível que no fundo também ela quisesse participar junto conosco dos nossos urros selvagens, junto com toda a rua, com todo o bairro, com toda a cidade e com todo o Israel, dessa vez minha mãe triste também tentava tomar parte." (*De amor e trevas*, op. cit., pp. 407-8.)

17. Da canção "Kadru pnei hashamaim" [Escureceram os céus]. Letra: Yehoshua Proshansky.

18. Da canção "Tsivonim" [Tulipas]. Letra: popular.

19. "No meio do jardim havia uma alameda e, de ambos os lados, muitas árvores frutíferas, ameixas de todos os tipos, duas cerejeiras, cuja florada as fazia ficar iguaizinhas a um vestido de noiva, e de suas frutas se fazia *wishniak* e também *pirushky*. Maçãs *Reinette* e *popirovky*, e também *grushi* — peras suculentas e gigantescas, peras *pontowky*, que os meninos chamavam por nomes que não é bonito repetir. Do outro lado havia mais árvores frutíferas, pêssegos suculentos, ainda maçãs, incomparáveis, e pequenas peras esverdeadas, que também delas os meninos diziam coisas que nós, as meninas, para não ouvirmos nenhuma, mas nenhuma palavra, no mesmo instante tapávamos com as mãos os dois ouvidos, com toda a força." (*De amor e trevas*, op. cit., pp. 186-7.)

20. "[...] por que realmente temos tanto medo da morte? Alguns um pouco mais, alguns um pouco menos, mas todos temos medo dela. Afinal, o mundo existia bilhões de anos antes de nascermos, sem nós, e existirá bilhões de anos depois de não existirmos mais, novamente sem nós. Somos uma espécie de cintilação, clarão passageiro. Sendo assim, me diga, por que esse abismo negro do além-morte nos atemoriza tanto? Qual é a diferença entre os abismos negros que existem antes e depois de nossas vidas? Claro que não tenho resposta para essa pergunta, mas a pergunta em si mesma me ajuda um pouco quando penso na morte. Pois a verdade é que já estive no abismo negro da cessação absoluta, antes de nascer. Estive lá durante milhões de anos, e não foi ruim para mim. Por que seria tão ruim estar lá novamente?

Há um versículo no Livro de Jó, que as pessoas repetem há milhares de anos, mas quase ninguém se detém por um momento para prestar atenção com espanto, pavor e tremor àquilo que todos declamam: 'Nu eu saí do ventre de minha mãe e nu voltarei para lá'. [...] Não se refere à absurdidade que há no acúmulo de bens. Na verdade é um versículo muito mais emocionante. Ele nos assegura que após a morte nós voltamos exatamente ao mesmo lugar de onde saímos: ao útero de nossa mãe. Nada menos que isso. Ora, o lugar de onde saímos não era ruim. Então talvez a morte realmente não seja terrível [...].

As coisas que estou te dizendo agora são as coisas que digo a mim mesmo exatamente quando estou tremendo de medo da morte. E mesmo que eu consiga acreditar por um instante nesse versículo, mesmo então o medo da morte não acaba." (*Do que é feita a maçã*, op. cit., pp. 162-3.)

21. "Por estar cansado, e talvez também por estar com o coração leve e limpo, continuou sentado no cinema, embrulhado no sobretudo do pai, olhando para a tela e se perguntando por que os personagens do filme ficavam se infligindo mutuamente toda sorte de humilhações e malefícios. O que os impedia de ocasionalmente se compadecerem uns dos outros? Não seria difícil explicar para os heróis, se eles concordassem em escutar um momento, que se quisessem se sentir em casa, tinham que deixar o outro em paz, e ficar em paz consigo próprios. E tinham que tentar ser bons. Pelo menos o máximo possível. Pelo menos enquanto os

olhos podem ver e os ouvidos ouvir, mesmo em face do crescente cansaço.
Deviam ser bons, mas em que sentido?
A pergunta parecia capciosa. Porque na verdade tudo era muito simples. Sem esforço ele acompanhou o enredo. Até que seus olhos se fecharam e ele adormeceu sentado." (Amós Oz, *Fima*. Trad. de George Schlesinger. 2. ed. São Paulo: Companhia das Letras, 2019, p. 364.)

22. "[...] mas é preciso ainda tomar milhares de minúsculas decisões como, por exemplo, na terceira sentença do começo do parágrafo deve-se escrever 'azul' ou 'azulado'? Ou seria melhor 'azul-celeste'? Ou 'azulão'? Ou 'azul-marinho'? Ou poderia ser 'azul-cinzento'? Bem, que seja, 'azul-cinzento', mas onde colocá-lo? No começo da frase? Ou seria melhor aparecer só no final? Ou no meio? Ou deixá-lo como uma frase bem curta, com um ponto antes e ponto e parágrafo depois? Ou não, quem sabe seria melhor fazer esse 'azul-cinzento' aparecer no fluxo de uma frase longa, cheia de subordinações? Ou quem sabe melhor seria simplesmente escrever as quatro palavrinhas 'a luz da tarde', sem tentar pintá-las seja de 'azul-cinzento', seja de 'azul-celeste' ou de qualquer outra cor?" (*De amor e trevas*, op. cit., p. 312.)

23. "Quando é que eu percebo um sinal de que tenho de jogar aquilo fora? É quando eu fico escrevendo e escrevendo e escrevendo e as páginas vão se acumulando e os personagens fazem o tempo todo tudo que eu quero. Quer dizer, o bebê não está começando a me dar chutes dentro da barriga. Eu então compreendo que ele não está vivo. Quando tudo está me saindo muito fácil — como massinha de modelar — entre, saia, sentem, vão para a cama, transem — é sinal de que não está legal. Quando é que está legal? Quando é que o feto está vivo? É quando eles começam a se opor a mim." (*Do que é feita a maçã*, op. cit., p. 38.)

24. Da canção "Shir hamachané" [Canção do acampamento]. Letra: Avraham Levinson.

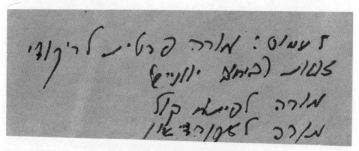

Bilhete para Nili, 2018.

Amós adolescente.

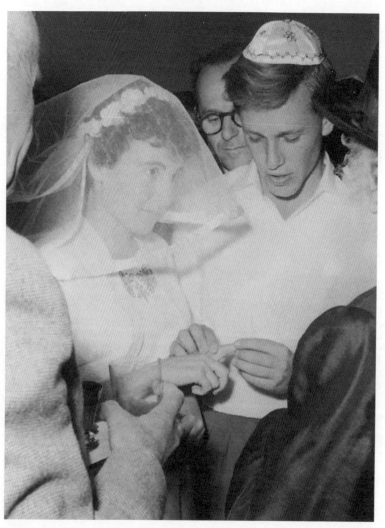

O casamento, Hulda, 1960.

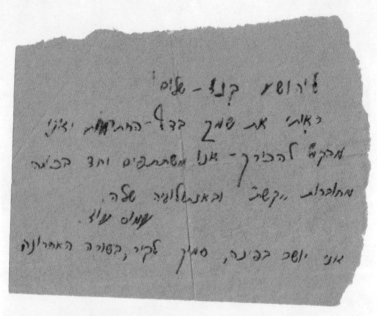

Bilhete de Amós para Yehoshua Kenaz, início de semestre na Universidade Hebraica.

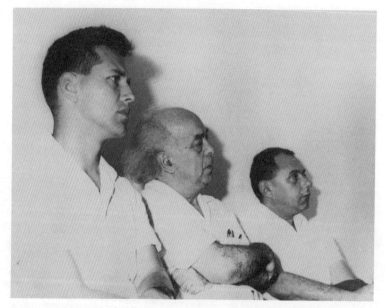

Amós ao lado do grande poeta Avraham Shlonsky,
na casa de cultura Tzavta, 1965.

Fania e Galia, Oxford, 1969.

A família em Hulda, década de 1970.

Amós com Daniel, década de 1980.

Amós e Fania com os primeiros netos.

ESTA OBRA FOI COMPOSTA POR ACOMTE EM MERIDIEN
E IMPRESSA PELA GRÁFICA PAYM EM OFSETE SOBRE PAPEL PÓLEN BOLD
DA SUZANO S.A. PARA A EDITORA SCHWARCZ EM MAIO DE 2023

A marca FSC® é a garantia de que a madeira utilizada na fabricação do papel deste livro provém de florestas que foram gerenciadas de maneira ambientalmente correta, socialmente justa e economicamente viável, além de outras fontes de origem controlada.